犬もどき読書日記

石山蓮華

晶文社

目次

まえがき

20代前半から後半にかけての6年間、朝の情報番組でレポーターをしていた。子どもの頃から芸能事務所にいて、そのまま大学生になり、卒業し、週何日か同じ番組の仕事をするのは私にとって就職のようなものだった。ロケで外に出ることも多かったが、定期的にオフィス街のビルに行って、決まった共演者やスタッフと会うのは会社勤めに似ている。

その頃、テレビを見ていると時たま出てくる「街の声」をもらうために、1日かけて見知らぬ人を約束もなく待ち続けていた。

渋谷駅前のスクランブル交差点のそばや、お台場のショッピングモールなど、たくさんの人が行き交う場所で何時間も人を待つ。ディレクターさんやADさんが台本にぴったりの誰かを見つけてくれることもあるし、自分で番組のロゴが入ったマイクを持ち、声をかけることもあった。

聞くのは「目玉焼きには何をかけますか?」などの素朴な質問だ。

こちらはどうでもいいことを聞いているのに、若い女性には明るく元気に、できるだけ屈託のないような感じで答えてもらい、外国から来た人には日本のいいところを褒めてもらう。こんなに様々な人がいるのに、誰でもいいわけではないし、どんな意見でもいいわけではなかった。

たくさんの人に会い、話を聞いたけれど、いつも他人の身体を通してすでに見たことのあるものを見ているような時間も多かった。

話を聞いている私自身も、一人の人間というよりは、「若くて女性で明るく元気」という再生産された記号の一個に見えているんだろうな、と思っていた。たまたま会った人から想定台本に添う言葉を引き出す仕事は、立ち止まることのできない大きなものを加速させること、そのもののような気がした。

その場にいる誰にもぶつけられないやんわりとした疑問は、紡がれる綿のように膨らんで、その日が終わる頃には身体の中がぱんぱんになっていた。

私はどんなロケの時にも、本を持って行っていた。

テレビに映る雑踏の中でも、特に渋谷の街頭は人も音の数も多い。平日でも人の流れは止まらないし、ビルの大型ビジョンやトラックからコマーシャルの音が絶え間なく流れ続ける。マイクを持ってカメラの前に立つ時以外は、駅前広場のできるだけ隅の方で本を読んでいた。

そういう場所にいても本を開くと少しだけ遠くに行ける。

文章を目で追うときは誰かのためでなく、自分のために言葉を探すことができた。それが仕事の合間のほんの一瞬でも。

本は私を支えるために書かれたものではないけれど、たしかに私は本に支えられていた。

この本は、忘れっぽくて執念深い私が24歳から28歳までの期間で、その時々に言いたかったけれど言葉にし切れなかったことをぶつぶつと書いてウェブで連載していたエッセイと読書録に、大幅な加筆と修正を加えた一冊だ。

この本では私のエッセイと一緒に本が紹介してある。

日々に迷ったり立ち止まったりする人に、手を差し伸べられる強さを持った本ばかりだ。どれかを読んで合わなかったら、別のページで紹介している一冊を読んでみて欲しい。きっと、あなたのことも少しだけ遠くへ連れて行ってくれるはずだ。

私たちはもし、対面で会っても通りいっぺんの会話をなぞり合うのがちょうどいいような相手なのかもしれない。

でも、本を通じてなら私やあなたがどんな人であっても、私の言葉を落ち着いて手渡せる。

私の過ごした時間と言葉の堆積も少しでいいから、「若い女性」「会社員」「家族連れ」におさまらない、一人の人間の手をとれるようなものであったらいい。

どうにか、先のページを開いてもらえるよう願っている。

装丁
鈴木千佳子

イラスト・写真・短歌
石山蓮華

夜は短し働け乙女

物心ついた頃からまっすぐ家に帰るのが苦手で、大人になってからもしょっちゅう寄り道をしている。特に本屋に寄るのが好きだ。

小学生の頃から芸能事務所に所属していた。子役の頃、オーディションを受けたそばから落ち続けていた。その日のオーディションでも何ひとつ上手くいかなかった帰り、本屋に寄って自分の名前が書かれた雑誌を立ち読みし、私は社会にいるのだと、自分の名前を何度も目でなぞった。それから平積みされた表紙や棚の背表紙を眺め、ここ以外にもたくさんの世界があることを確認してから家に帰った。

大学を卒業した後も事務所に居続け、舞台や映像でたまにお芝居をしたり、朝の情報番組でレポーターをしたりしていた。とはいえ余裕のある暮らしとはほど遠く、一時期早稲田にある書店でアルバイトもしていた。

私は、一緒に働きたくないバイトだったと思う。撮影やオーディションは、いつ入るかがわからない。シフトを入れていても、仕事が入ってしまい直前に代わりをお願いすることも少なくなかった。店長との挨拶はいつも「お久しぶりです」だったし、レジ締めの計算を1000円単位で間違えてもいたので、いつしかシフトを週3・5時間に減らされていた。

けれども、しぶとい私は書店バイトの役得を手放せなかった。

バイトを辞めなければ、週に一度は本屋の空気を吸い込めて、見渡す限りの本に囲まれながら時間を過ごせる。

スリップの整理をしながらどんな本が売れているかを見たり、棚にハタキをかけながら、普段手に取らない本の表紙を見るのも楽しかった。

お客さんからおすすめの本を聞かれると、一応相手の好みを聞いた上で、自分がその時々に好きな本を棚から引っ張ってきて押し売りをしていた。小説が読みたいと言われれば、安部公房『密会』を渡し、もうちょっとやわらかい感じがいいと言われたら、穂村弘『にょっ記』を売った。バイトから上がるついでに新刊を買って帰ることもあったので、バイト代はいつも書店のレジを中心にまわっていた。

『夜は短し歩けよ乙女』森見登美彦

京都の大学生活を舞台にしたボーイミーツガール小説。主人公とヒロイン「黒髪の乙女」が京都中を駆けまわる様子から目が離せない。そして夜の先斗町《ぽんとちょう》、下鴨神社の納涼古本市、京都大学の学園祭、冬の四条河原町……。作中に登場する街の描写も登場人物に負けず劣らず魅力的だ。10代の頃、森見文体の酩酊感に夢中になってぐいぐい読んだ。2017年に湯浅政明監督でアニメーション映画になり、2021年には映画版で脚本を務めたヨーロッパ企画・上田誠が舞台化している。

高校卒業直前に、森見登美彦原作・上田誠脚本・湯浅政明監督の深夜アニメ『四畳半神話大系』を見てからというもの、私は京都コンプレックスを抱え続けている。「京都で大学生活を送りたかった」「京都に行きたい」「黒髪の乙女に生まれ直したい」という欲望はそこそこ楽しい大学生活を経ても収まらなかった。

『四畳半神話大系』のヒロイン・明石さんも『夜は短し歩けよ乙女』の乙女と同じく、顎のラインで切りそろえられた黒髪ボブだ。私は小説片手に京都を聖地巡礼し、あの二人と同じ髪型にするため、長かった髪をバッサリ切った。

森見作品のヒロインは、憧れ以上の衝撃をくれた。賢く素直で生き様に屈託がなく、自分の足でずんずん歩き、必殺技の「おともだちパンチ」で敵をやっつける。

なんてかっこいいんだろう。なんて可愛らしいんだろう。彼女は歩いているだけで物語の主役になれる女の子なのだ。二人の乙女は、物語の世界から現実世界でぐずぐずと倦《う》んだ生活をする私の手を引いてくれた。

主人公の大学生「先輩」は『夜は短し歩けよ乙女』の中で彼女の背中を穴が開くほど眺め、京都の街を駆けずり回り、偶然を装って何度も彼女に会おうとする。

私は大学の卒業旅行で、作中に出てくる下宿「下鴨幽水荘」のモデルではないかと言われる日本最古の学生寮・京都大学の吉田寮に一泊200円で泊まったこともある。

宿泊者用の部屋は、広さだけで言えばスイートで、ゆうに10畳はあったと思う。畳に散乱するガラクタの中、徹夜で麻雀する学生さんが黙々と麻雀牌をこねる大部屋の隅で、うつらうつらしながら夜を明かすタイプの部屋だった。

泊まった翌日は、偶然にも京大の入試日だった。ずんずんと校門へ進む受験生たちと、彼や彼女らを応援する予備校講師を横目に、森見ファンの友人三人と、寝不足の頭を抱え、首に銭湯のタオルを引っ掛け、作中に登場する喫茶店「進々堂」へ向かった。

24歳の冬、現実にはいない人の背中を追って京都をほっつき歩いた。本当にいてもいなくても、好きな人の背中を追うのは楽しい。今だって、京都で大学生になれると言われたら、1時間で荷物をまとめてホイホイついていくだろう。それほどに森見登美彦の描く京都とヒロイン達は魅力的だ。

先日、映画版の乙女が着ているものと同じデザインのワンピースをポチった。真っ白な丸襟のついた赤いガーリーなシャツワンピースだ。どこへ着て行けばいいかはわからない。だって、その時、私はあの鴨川の河川敷にいたのだ。しかも夕暮れ時だった。受注開始のタイミングで埼玉の人間が京都にいたのは、運命か偶然かでいえば運命の方に近い。人は暮れゆく鴨川を前にし、冷静な判断はできない。数量限定の受注品でなかなかいいお値段だったので、今、ものすごい金欠だ。

でも大丈夫、私の髪型は二人とおそろいだ。今や主人公の背中越しではなく、私は彼女たちともっと近くにいるはずなのだ。

幻想のいきもの

こういう仕事をしていると、周りには年齢のわからない大人がたくさんいて、自分も何歳だったかわからなくなってくる。きのうの朗読劇の稽古場でも、20代後半くらいかな、と思った人は40歳で、23歳くらいだろうと思っていた人は19歳だった。「こういう仕事をしていると」と書いたけれど、実は仕事と関係のないところでも、私は人の歳がわからない。

「はくるちゃん」と呼ばれる女の子がやっているゴールデン街の小さなバー「西瓜糖」で右手側に隣り合った女の人は、見るからにぴちぴちとした雰囲気で、黒い瞳がひかひかしていた。私はてっきり自分よりは若いと思って話していたら、彼女は5歳ほど上で、人妻でもあった。左手側に隣り合ったショートカットの似合う関西弁のお姉さんは、28歳くらいだろうと思っていたのに、同い年だった。カウンターの中の「はくるちゃん」は年齢不詳で謎めいている。

高校生の頃は16、17、18歳の微妙な差を見分けることができた。あれは一種の特殊能力だったのではないか。その頃は、高校生も制服も身近だったから見分けられたのかもしれない。今はもう、制服を着ていても着ていなくても、みんなざっくり若者村の人にしか見えない。街ですれ違う若い男性はみんな、弟のJのように見え、一瞬「あれ？」と思う。

そもそも、成人から上は1年ごとに年齢をきざんで数える理由もなくなってくるような気がする。お酒が飲めるかどうか以外の理由で、人が毎年きっちり歳を数えていくのはなぜなのだろう。

私の場合、成人以降の誕生日は、年に一度、人からちやほやしてもらいたい気持ちを大っぴらにしても差し障りのない日、ということにしている。ふだんから特別な理由もなく人を誘うのを躊躇する程度には、卑屈で気が小さい。みんな本当は、私とは一緒にいたくないけど優しいから遊んでくれるんだという妙な確信がある。

子どもの頃は誕生日にどんなおもちゃをもらおうか毎日考え、誕生日の次の日からはクリスマスに何をもらうかを考えていた。両親から「歩く物欲」と呼ばれていた私は、20年経っておもちゃを買ってもらうよりも、友達と飲みに行く方が好きになった。

しかし、人とさらっとした社交をするのが下手な私は、人に嫌われたくない気持ちと遊んで欲しい気持ちの両方がない混ぜになり、心の中に「妖怪・あそんでくれ沼」を飼うこととなった。

あそんでくれ沼は、勤め人である友人たちの仕事が終わりそうな時間や、自分の仕事が終わったタイミングを見計らい「飲みに行こうよ～」と誘い出す。小心者なので、5回思っても実際に送るのは1回や2回で、あとは静かな池のように誘いを待ちながら酒場の方角へ念を飛ばしている。お誘いがくればその途端、相手の足首をバッと摑んで沼に引きずり込むのだ。

そうなったらほどほど飲むまで解放しない、わけではなく、人に嫌われたくない気持ちが強いので無理強いはしない。ほんとに全然しないし、当日になって「やっぱ行けなくなっちゃった」というメッセージにもさらりと気分を切り替えたふりをして「おっけー」と言い、「みんなやっぱり本当は私のことが嫌いなのだ」という気持ちを再確認する。とことん気の小さい沼だ。

大人になっても、遊んでくれる友達を求めてうろうろする気持ちを抱え続けると思わなかった。子供の頃は家と学校が全く別の場所だったけれど、学生を卒業してからは、友達と家の間に酒場が出てきて、そのどちらにも落ち着ききれない私は、いつもどこかうろうろした気分を沼に沈めている。

17歳の頃、24歳はかなり大人だと思っていた。電線を探し続けて上を見ながら炎天下をさまよい歩く沼になっているとは、1ミリも思わなかった。年齢的にはもう大人だけど、若者村の領域はどんどん広がってきている。なので私は少なくとも27歳まではまだ若者でいいはずだ。

こうやって甘ったれたことを言っていると、もはや一生「大人」にはなれないのではないかと思うし、そもそも17歳の頃に思い描いた24歳の私（会社に勤め、自力で一人暮らしをして、なんかいい感じのピアスとかつけておしゃれ）は幻想でしかなかった。

そうか、大人は幻想のいきものだったのか。

『トーキョーエイリアンブラザーズ（全3巻）』真造圭伍

「地球移住計画」のために東京の下町へ襲来してきた宇宙人の兄弟、夏太郎と冬ノ介。

超ハイスペックな能力を持ちながらも、地球のことを何一つ知らない彼らにまず与えられたミッションは、仕事と恋人を持つことだった。

とことん不器用な兄の夏太郎と、超イケメン（の形をしている）のに人としての何かがすこんと抜けている弟・冬ノ介が人間の世界で奮闘する。

普通の人間って、大人って、と幻想のいきものの姿を追いかけながら妖怪・あそんで沼として生きる私は二人のことを笑いながらも、他人事としては読めない。ちなみに本作にも「ハクル」という名前の女の子が出てくる。

本作は2017年のいい電線コミックでもある。1巻の表紙から丁寧に書き込まれた東京の電線は、私たちの生きる街と漫画の世界をつなぐような説得力がある。最終話の表紙絵も、ばっちり電線電柱なのだ。

やっぱり下町といえば電線と電柱ですよね、と作者の真造圭伍さんに握手を求めたい。

赤い傘と電柱

「私の男は、ぬすんだ傘をゆっくりと広げながら、こちらに歩いてきた。」(8頁)

『私の男』桜庭一樹

結婚前夜の娘と養父が、雨の中待ち合わせするシーンから始まる『私の男』。書き出しからしてただならぬ湿気と色気がだだもれしている。

「店先のウインドゥにくっついて雨宿りしていたわたしに、ぬすんだ傘を差しだした。その流れるような動きは、傘盗人なのに、落ちぶれ貴族のようにどこか優雅だった。これは、いっそうつくしい、と言い切ってもよい姿のようにわたしは思った。」（8頁）

花のためにためらいなく盗まれた傘は、40歳の養父・淳悟が差してくるには不似合いな赤い花柄だ。

オホーツク海のそばで静かに暮らす淳悟と花。優雅で惨めな淳悟の不安定さと、花の情愛が作品を包み、不穏な魅力を匂わせる。雨の夜で開かれる傘のようにささやかな安らぎと親密さ、何よりもうっとりするような痛みには、読書でこそ浸りたい。

秘密の恋の話を聞く度に、誰もが正しく生きたいわけではないのだなと思う。常識に当てはめたら正しくないことが、生きる目的になることは珍しくない。暗闇でどうしようもなく抱き合って生きる二人の生は鮮やかだ。禁断の愛って何なのだろう。いやそもそも、恋も愛もよくわかんねえし、倫理とかも正直なところまっすぐ持てているかはわからない。正しい愛ってなんなんだ！　と雨の中を駆け出したくなったら、明日のこの時間、私のところに来てください。一緒に電線を探しましょう。

冒頭の1行はこんな景色のなかで展開される。

「日暮れよりすこしはやく夜が降りてきた、午後六時過ぎの銀座、並木通り。彼のふるびた革靴が、アスファルトを輝かせる水たまりを踏み荒らし、ためらいなく濡れながら近づいてくる。」(8頁)

銀座の並木通りには、名前の通り青々とした街路樹が並んでいるけれど、電柱はとんと見かけない。それもそのはず、銀座は早くから無電柱化が進んでいるエリアなのだ。大通りはもちろん、一本入った小路にも電柱はほとんど見かけない。

雨に濡れる電線の無い街で、一人の女のためにゆっくりと開かれる傘は花のように見えるのだろう。だけど電線が無い路地なんて、寂しくない? 情緒といえば電線じゃない? 電線と書いて「じょうちょ」って読むよね。わかるなあ。

『私の男』では禁断の愛が絡み合う。電線のある景観が後ろ指を指されるこの東京では、私の電線愛だって禁断の領域へと足を踏み入れているのかもしれない。身近な色気は、傘より上にある電線からにじみ出ていたのだ。

作中では1枚の写真が二人の運命を大きく変える。私が撮影した電線の写真も、もしかするといつか誰かの運命を変えてしまうかもしれない。

愛を買う

これを読んでいるあなたは、生活必需品のほかのことで、どうやってお金を使っているのだろう。

私はお酒を飲んだり、舞台を観たり、本を読むためにこまごまと、時に思い切ってお金を使っている。その月ごとにあったりなかったりするけれど、仕事で少しずつお金をもらえるようになってから、自力で好きなものを買いに行けるようになった。自分で稼いだお金で幸せになれるなんて、こんなに素敵なことはない。新刊の本を1冊買う度に、コーヒー代の小銭を払う度に、子どもだった私が「すごい、えらい！」と横で目を丸くしている。ほんとうにそう思う。

ただ、貯金はマジでマジでゼロだ。

『浪費図鑑――悪友たちのないしょ話――』劇団雌猫

この本では、オタクの女性がゲームやアイドル、若手俳優などの愛するものにどうお金を使って（浪費して）いるか、インタビューを中心に書かれている。

どの話にも、愛するものに向かって怒濤のごとくお金を「浪費」していく人たちの気持ち良さがあふれている。急な坂をまっすぐ駆け下りる興奮を感じながら、パーッと読めてしまう1冊だ。値段が「1000円（税別）」なのもどこか同人誌っぽい。

高校生の頃、友人のYが夏コミへ行くのについて行った。初めて行った夏コミ3日目の会場は噂に違わぬすごい熱気だった。

けれど、大好きな綾波レイが三尺玉のような乳になって全身に汁をかぶって恍惚としているポスターにビビってしまい、本は1冊も買えなかった。その頃、お年玉をはたいて買った綾波レイのフィギュア（山下しゅんやモデル）もなかなか肉感的だったけれど、私の知っているレイとは全く違う解釈のレイたちが並んでいたのだ。絵に描いたようなリサーチ不足だった。

それでも何かしらの戦利品を持ち帰りたくて、せっけんの香りのハンドメイド香水を買って帰った。Yとは今でもよく遊ぶけれど、あの時どんな本を買ったかはついぞ秘密にされたままだ。

先月、ツイッターでビルや団地などの愛好家さんたちが夏コミに出展されるという情報を得て、すぐさまマネージャーさんに「電線の同人誌を出している方がいるかもしれません！　後学のためフィールドワークに行ってきます！　後学のために！」と言って、夏コミ2日目に休みをもらった。

前日、仕事から帰ってすぐに電子版のカタログで団地や工場、建物などの愛好家さんのサークルと「ユーリ!!! on ICE」のサークルをチェックした。明日は朝7時に起きれば余裕だ。さすがに始発で行かずとも欲しい本はだいたい買えるだろう。念には念を入れて、アラームを10分おきにかけて寝た。

翌朝11時。なぜか昨晩の私はスマートフォンの電源を切ってから寝たらしい。なんでなんだろう、夜遅くまで起きていると不思議なことが起こる。

ビッグサイトへ向かう電車に揺られながらいくつもの新刊が完売したことを知り、心を無にして完売宣言をしたサークルをチェックリストから外した。スーツケースを薄い本でパンパンにして、幸せな顔をした人たちの誰とも目を合わせないようにしながら、東ホールへ早歩きで向かう。

会場では薄い本の表紙に、美しきアイスケーターたちがずらりと並んでいた。あまりに素敵な彼らを目の前にして私は、ああもう思い出すだけでくらくらする程ときめくのだ。キュンキュンのキュン。心の中に温室があったら、一瞬で全ての花が満開になるほどの多幸感。この気持ちはなんて言えばいいの。ああもう好き、みんな素敵、生まれてきてくれてありがとう。たくさんの同人作家さん達が思い思いに描いた愛に包まれ、見るもの全てに微笑みかけたい気分で列に並ぶ。

ときめきで痺れた頭に算数はできない。「全部、1冊ずつください」を何度も繰り返し、汗ばむ手でリュックに同人誌（もとい愛）をいっぱいに詰め込んで、団地や建物などの愛好家さんたちがいる島（ブース）へ行った。

もう、ほんっとうに楽しかった。お金はいくら使ったかわからないし、暑くて汗びしゃびしゃだし荷物はどんどん重くなるしで大変なんだけど本当に気持ちよくってデトックス感がすごかった。

団地やエスカレーター、ビルや廃墟に美容院など、都市を鑑賞する愛好家たちの同人誌は、本そのものを読む楽しさに加えて、外へ出かける楽しみも渡してくれる。同人誌を通じて頭の中で広がった世界を、都市を歩き鑑賞することでもっと広げられる。こんなに楽しいことって、そうそうないんじゃない？

楽しいことは自分でやったほうがもっと楽しいんじゃないかと思って、冬コミに応募した。私も、いい電線への愛を形にしたい。

渋谷で赤いゲロを吐く

好きな人に会ってゲロを吐いたことはありますか。私はあります。しかもついこの間。ある歌手のライブへ行ったときのこと、知人の紹介で、ずっと憧れだったその方にちょっとご挨拶させてもらえることになった。

受付にいたレコード会社の人が私のことを知っていてくれて、「ライブが終わったらご挨拶させてください」と名刺をいただいた。その時点から、何かもう手汗と妙なテンションの高さでふわふわしていた。

私は、彼女の音楽のファンだ。きらめくような明るさと、腰が落ちつくほの暗さ。切実でおかしくって、音のつぶ全てに生きた人がいる。何より声の響きがすばらしい。あの歌声が目いっぱいに鼓膜を震わせると、私の中心を掴んで離さない。

毎日聴いている曲を全身で楽しみたかったので、その日はお酒を一滴もいれず、激しく動いても貧血にならぬよう、昼にはチキンを食べ、直前にはトマトジュースを飲み、万全の態勢でライブに臨んだ。

心の底から最高だった。彼女の歌はまぶしい響きを持っている。根暗の人間を暗い岩戸の中から外へ、ぽーんと引っ張り出してくれるほど光っていて、放り出されたところが真昼の公園のように開けた場所だけでないところが好きだ。そこは秋の海や実家のふとんの中、ちょっとだけ優しく、ちょっとだけいじわる。うだうだ書いたけれど、その人の音楽は、ほんっとにいいんです。大好きなんです。

アンコールが終わってからしばらく放心し、どんどん観客が帰るなかで私はどっと不安になった。「ご挨拶」を思い出したのだ。そもそもただのファンである私が楽屋口へ行ってもいいものだろうか。いや、でもお名刺はいただいているし「ご挨拶を」と言ってもらえたんだから社会人として行くべきなのでは、しかも共通のお知り合いの方もいるから不自然じゃない……。

狭い業界では3人介さずともいろんな人につながるもので、でもそれは私がえらいとか有名だからとかでなく、ただただ周りに偶然その人につながる人がいたっていうだけで、いや、でも、すごく会ってみたいけれど、気の利いた話なんかできないし手土産もないし。なにより最高の演奏をしたあの人に面倒な時間を過ごさせたくない。

私は舞台を観に行った後に、列に並んで楽屋の挨拶へ行くのも心の底から苦手だ。相手のことを大切に思うほど、仕事おわりに会いに行くのに申し訳なさを感じる。たとえ知り合いだったとしても、本当に相手は仕事終わりに私の顔を見ても大丈夫なんだろうか。「関係者」だとしても他の人と同じく観客なのに、金を払った客なのに、会うなんてゆるされないような気がしてこわい。でも、会えるなら一目会ってもみたいのだ。直接「素敵でした」と言いたい。でも、私が行くのは迷惑なんじゃないか。トイレへ行って手を念入りに洗ってみたり、無為に会場を右往左往すること20分は経った。

結局、一緒に行った友人の「せっかくなんだから会ってきなよ」という一言に背中を押されて、ようよう挨拶にこぎつけた。

「お疲れ様ですー！　来てくれたんですね！」

彼女は私のことを知っていてくれた。共通の知り合いがいるからか、SNSでちょこちょこ曲の感想を書いていたからか、その理由にはどちらもあるかもしれない。でも、とにかくその人は、私が生きているのを知ってくれていたのだ。

ライブを終えたばかりの彼女はたいそう美しかった。

何度生まれ変わっても大好きで大好きで触れられないだろう憧れを抱く女の人が何人かいる。その人のことはそのくらいに好きなのだ。私は人の好きになり方というか、距離感が重めで、大人としてちょうどいい好意の程度をいまだに掴みかねている。あまりのことで、どんな感じだったかは、あまり覚えていない。ステージよりも近づきすぎた。まぶしすぎると何もわからなくなる。

あまりに嬉しいと、人は胃をひっくり返すように出来ているのかもしれない。キラキラした気持ちで胸いっぱいになりながらふわふわと明治通りを歩いていたら、胸を超えて喉まで酸っぱさがのぼってきた。

私は配電線の見守るなか、青い自販機の裏で持っていたビニール袋のなかへ赤いゲロを吐いた。この後も、この人のライブに行く度に貧血になることが分かった。「〜すぎる」という言い回しは信用していないけれど、きっと彼女の歌を好きすぎるのだと思う。

これからも、ふらふらになっても、またあの歌を聴きたい。

復讐心を燃やして同窓会へ行った話

私は中学がバキバキに嫌いだった。

25歳になった。中学校を卒業してから10年が経った。

母校も昔住んでいた家も、さいたま市の荒川土手沿いにある。家から校舎まで徒歩5分くらいだった。学校を休んだ日にもチャイムが聞こえた。

毎朝灰色の制服を着てだらだらと学校へ向かう。ブレザーの肩のラインもスカートの裾もなんとなくぶかぶかとぎこちない。灰色の背中が通学路を埋めつくす様子は、いつも墓場のようだと思っていた。

同級生は墓石。全校集会のビジュアルは青山霊園のようであり、休み時間には墓石がはしゃいで校庭に向かって水でぱんぱんになったコンドームをぶん投げていた。土色のグラウンドに濃いしみができていた。

うるさい中学生が嫌いで、クソダサくて勉強も運動もできず何か秀でたことがあるわけでもない自分が大嫌いで、そもそも中学生っていうのが子供としても若者としても中途半端で落ち着かなくて、もうだめだった。

もはやなにを覚えているのか覚えていないのかわからない中学時代の、細かなことは思い出せないけれど基本的なトーンが灰色だったことは間違いない。

楽しかったこともあったんだけれど、それを勢いよく塗り潰せるほどには嫌なことがたくさんあって、灰色の思い出はどんよりと悲しい匂いのする飴のようにかたまっていった。そんなわけだから同級生のことは大体みんな嫌いで、卒業してからも度々思い出しては灰色の飴を舐め続けていたら、中学に通っていた時間よりも中学時代を呪った時間の方がずっと長くなっていた。

同窓会があるらしい。参加するか迷った。

大学に入って、いつからか私のスマホの待ち受けはずっと「Success Is the Best Revenge」だった。tofubeatsのステッカーに書いてあった文言を見て、これはいいなあと思って待ち受けにしたのだ。

同窓会には行くことにした。行くと決めてから、行かない友達と口喧嘩になった、まだ行ってもいないのに。

しかし同窓会当日、その日に提出しなくちゃいけない文章を、Netflixで「カイバ」を見ながらやってたら全然終わらなくて、結局1時間くらい遅れた。終わらなかったから遅れたのか、遅れるように終わらなかったのかはわからない。

受付の子に「来ると思わなかった！」と言われて、お金を渡す手が震えないようにお腹に力を込めた。私も行くと思わなかった。

10年のあいだ呪い続けた中学時代と向き合う時間は、しかし、なんでもなかった。ずっと嫌いだったはずの人たちを見ても、なんの感情も起きなくなっていた。彼らは10年呪い続けた記憶でもなんでもなくて、「ただの人」だった。

劇的に性格や容姿の変わった人もいなくって、ただただ、こんな感じの人たちだったねと話すたびにお互いの思い出話を掘り返してほほえみあう。当時のクラス分けや委員会をこと細かに覚えていて話しかけてくれる人もいたけれど、あんまり覚えていなかった。Aだったと言われればそんな感じがしてくるし、Bだったねと言われてもそうだったねと思う。

私は10年間なにを呪っていたかわからなくなった。普通に、それなりに、みんないい人で、しっかり働いていてお酒を飲めて、私はあの時何がそんなに嫌だったんだろう。誰を呪い続けていたんだろう。

なんだかほんとうに、どうでもよくなってしまった。

世界に憎むものが少ない方がきっと生きやすい。今の私なら怖いところに行ってしまっても自分の足で逃げられる。そう決意して来てみた同窓会、逃げるどころかなんと2軒目までだらりと付いて行ってしまった。あれはなんだったんだろう、歳をとるとは、大人になるというのはこういうことだったのか。

トラウマの克服は、こんなにもあっけなかった。

嫌いな人は少ない方がたぶん楽だ、っていうかその方がいいし、そうしたい。

私は嫌なことを語る時の言葉の勢いが強い。小心者で卑屈であると同時に、気が強くて理屈っぽい。今さら誰にでもやんわり優しくできる人になりたいともそんなに思わないんだけれど、嫌なことがどう嫌なのか、なぜ嫌なのかを語る言葉が豊富なのはきっと中学校の頃の私が言い返せなかった言葉がまだまだたくさんあるからだ。

電線を礼讃するためには言葉を尽くす必要があるのに、私はまだまだ嬉しいことや楽しいことを伝えるための語彙が足りない。

そんなことを考えながら、10年振りくらいに読み直した『はれた日は学校をやすんで』。たしかに主人公と同じ中学生だったのに、私だけ、もう大人になっていた。

『はれた日は学校をやすんで』西原理恵子

ずる休みした日によく読んでいた本。学校や会社に行きたくないとき、息苦しさを感じるときに読んでほしい。

はれた日に自分の部屋から学校のチャイムを遠く聞いた「ずる休み」の優しさや不安が、光を受けてきらきらする埃のように浮かぶ。

学校を休んでも、昨日も今日も行きたくなくても、同級生が嫌いでも大丈夫なのだ。

ぽつりぽつりと自分に問いかけるような言葉とやわらかな絵。ページをめくると、実家の本棚から何度も引っぱり出して読んだ静かな昼に戻るようだ。このタイトルの12文字は、あの頃の私を何度も肯定してくれた。

生垣に突っ込んで転んだ話

25歳になっておでこからアスファルトに突っ込むとは思わなかった。20年前にはなかった新型ばんそうこうのおかげですり傷がきれいに治ったので書いている。

私の思い描いていた25歳は大人の女性だから、酔っ払っていたとしても公園の生垣に走りこんだりはしない。ありえない。

ましてやその生垣の先にあるロープに足を引っ掛けたりもしない。そして足を引っ掛けたとしても、頭からアスファルトに突っ込んだりもしない。ありえない。

と言いつつも、私は私の思いがけない理由（頭をぶつけて忘れてしまったのか、何も考えてなかったのかわからないけれどどうしてそのようにしたかわからない。強いて言えばもう、勢い）で緑の生垣へ向かって駆け込んでいた。鹿のように生垣を二つ飛び越え、だけどその先に罠のように仕掛けられていたロープに足を取られ、それでも捕まることなく、アスファルトに肘と膝をうちつけて、はずみでおでこから突っ込んだ。大怪我だ。

したたかに頭を打った瞬間のツーンとつきぬける衝撃、とても久しぶりだった。久しぶりだったということは昔もあったわけで、それは5歳くらいだったんだろうかと思うけども、この私が5歳から20年も転ばなかったはずがない。でも最後に頭を打ったのがいつか思い出せないくらい昔にツーンがあった。

でもそれが大人の私に起こるなんて。25歳はめんどくさい。

子どもの頃からなんとなく、25歳になったら朝、目が覚めたときに夢の内容を忘れてしまうような感覚で、しれっと大人になるんだと思ってた。

アスファルトに顔からすっ転んでみて思ったのは、5歳の頃から私は案外ほとんど変わっていなくて、それは逆に、もしかするとある一部分で、5歳の頃から私は大人っぽかったのかもしれないという説だ。子どもみたいな25歳は、どこか大人のような5歳の続きなのかもしれない。

その、大人なんだか子どもなんだか曖昧な魂のところが25歳という大人っぽい年齢になった瞬間に主張し始めたのではないか。だからわざと幼児返りをして道端ですっ転んで、一人声をあげて泣いたのだろう。

血ってこんな匂いだったっけということ、怪我って痛いよなあ、プロレスラーはよく怪我をしたり血を出したりしているけれど、プロレス選手はほんとうにすごいなと思いながら一人で家に帰る急な坂をのぼった。

肘、膝と額のすり傷は大したものではなかったのだけれど、坂道を歩いていたら痛くて情けなくて涙が出て、25歳になっても転ぶこともあるのだなあと思ったらなんだか夜の坂道は途端に自由で、とても面白くなってしまった。

近所迷惑にならない程度の泣き声をあげた。心細くキーキーとした声は、子どもの頃に私が聴いたか細いか細い音とおんなじで、懐かしくって笑ってしまった。

かわいそうな大人の女に浸るにはダサすぎておかしかった。一人でこんな夜道でほんとうにばかだ、生きることはなんて自由で楽しくて寂しいんだろうと思ったら、涙と笑いが止まらなかった。頭を打ってもまだ酔っていた。

電線が並ぶ急な坂を一歩登るたびに子供のころ流したものと変わらないただのでかい粒の涙が、ボロンボロン落ちた。顔を出すことが仕事なのにこんなふうにしてしまった自分ののろくでもなさが、心細さと愉快さが、切った肌や目玉の端から体液になってアスファルトに水玉模様を作った。

25歳になって、友達がどんどん結婚していく。今までと同じように遊ぶのは難しいのかもしれない。これからは、私のように手のかかる人を産み育てる友達も増えてくる、みんなが好き好きに幸せになってくれたら、こんなに嬉しくて幸せなことはない。

東京から電線が姿を消して、友達がみんな結婚してしまったら、私は何を心の支えにして生きていったらいいんだろう。BLかなあ。

『同級生』中村明日美子

痛いほどにみずみずしい初恋。ボーイズラブってなにかしら、という方にぜひ手に取っていただきたい不朽の名作。見目麗しい二人の一挙手一投足に引き込まれた私は、「同級生」の日めくりカレンダーを日々の楽しみにして1年間を生き延びた。

「異性愛者のカップルはいずれ結婚するのが正当である。そしてその先には子をもうけるものだ」という空気に息苦しさと戸惑いを感じたとき、手に取った本でもある。

結婚のことを考えないでいい、日本語で書かれた恋愛の物語を読むためにBLを手に取った私は、かなり差別的だったのではないか。この国で同性愛者に対する差別が婚姻制度に組み込まれているのに、同性同士の恋愛マンガを「結婚のことを考えなくていい」物語として見てしまった私自身も、差別を黙認してしまっている。今だって、多くの人々に結婚をするかどうかの選択肢さえ与えられていないのだから。

高校で出会った二人は、あっという間に季節を超えて大人になっていく。草壁光くんと一緒に暮らしているはずの佐条利人くんが、今日も幸せでいて欲しい。そして彼らが、選びたいものを選べるようになって欲しい。

「欲しい」だけで、終わらせるのはあまりに他人ごとだ。疑問も不満も考え続けていきたい。

耳から妊娠した話

メガネ男子と2人で新宿三丁目に飲みに行った。私の着けていた変わった形のイヤーカフを見て「これ、どうなってるの？」とその仕組みを見るついでに一瞬だけ耳に触られた。そうしたら次の日の朝からご飯がまったく喉を通らず、吐き気が続き、何もないのにえずくようになった。

人肌に温度設定された便器に頬ずりしているとき、小学生の頃に何度も読んだ『女子高生ゴリコ』の「ボエー」が浮かんできた。人一倍繊細なところのあるゴリコは何かとすぐゲロを吐いてしまう。笑って読んでいた小学生の頃の呑気さが水に乗って流れてゆく。

私は、これはもう、想像妊娠だと思った。想像妊娠。そういえば知人のところで飼われている雌のトイプードルも想像妊娠していた。妊娠していると思い込むことで妊娠したときのような身体の変化が起こるらしい。

どうなっちまったんだ。耳から妊娠。片耳から一人ずつで双子が産まれる。私ならあたらしい生物を産めるんじゃないか。ブッダは右脇から産まれ、イエスキリストは処女懐妊で産まれ、私は普通に母から出てきた。それなのに。石山蓮華、耳で懐妊。

イケイケのメガネ男子がさりげなく耳に触れる度、両耳からぽろぽろと産まれる子どもたちは1日で何年分も成長し、耳から産まれたもののために世界を変え始める。

母親のお腹から産まれた生き物たちはどんどん絶滅の危惧に追いやられるのかと思うが、耳から産まれたものはとかく人の心の機微に敏感でおおむね優しい。気の小さい私から産まれているからだ。また、心と耳がえらく繊細で何かあるとすぐゲロを吐く。ボエー。そこらじゅうが酸っぱい。どうにも集団生活と社会生活に向いていないところがあるけれど大丈夫。七転び八起き。どうにかなる。

そして時は2040年、新人類は皆耳にパンツを履いている——。

結果からいうと、長めの二日酔いだった。それで結局、そのメガネ男子とはどうにもならなかった。相手の一挙手一投足すべてに目を回していたら、そのまま全てが「なかったこと」になった。相手にはCAの彼女がいた。私が好きになる人には恋人か、そうでなくとも私ではない誰かのことを好きなことが往々にしてある。というか生まれてこのかたそんなことばっかりな気もする。人間あるあるだ。

『(500)日のサマー』でいうと俄然トムに感情移入するし、これまでのさまざまな醜態を思い出してジタバタする。寝入りばなにふとんの中で色々なことを思い出し、そのまま悪夢にうなされる。ふと、好きになった人に好きな人がいることに慣れそうになる。私という妖怪のすむこの星はこういうふうに回っているのだと。

いやそうじゃない、誰かの一番になれなくとも、誰のことを好きでなくともいい。けれど次元が違っていたって、生き物でなくたって、好きなものさえあれば人生は華やぐ。

『ドレス』藤野可織

短編集の表題作「ドレス」は、異形のイヤリングから始まる。主人公のなかでずっと呑み込めない違和感として存在するアクセサリー。

その違和感は読後も私たちの中に残り、目の前の世界を少しずらしていく。ずらされた先にあるものは何なのだろう。

ぼうっとしがちな正月休みや中途半端な失恋の後、この短編集で、知っている世界から幻想の世界へはしごをかけて、さらにぼうっとしてみたい。本を閉じて戻った世界はすでにすこしだけ変わっているはずなのだ。

親知らず

名前もよく知らない男が口の中に指を入れ、ペンチに力をかけて歯を1本抜くのは医療行為でなければおそろしい暴力だ。これは許可された暴力だ、と思いながら頭の奥に砂のようにジャリジャリした音を聞いていたら、親知らずはポロリと抜けた。

砂漠に咲く花のことをいっぱい考えよう、と思っていたけれど、まぶたに浮かぶのは粉々になる歯のことばかりだった。

私が許可した、私の望んだ健康のための暴力は寸前まで私を後悔させる。

清潔なタオルで視界をシャットダウンされ、舌の上に金属を置かれたり口中の水分を吸われたりすると、音だけがとても鮮明に聴こえる。私は両手で膝掛けをぎゅっと摑んでただただ口を開ける。今この時なす術もない。

麻酔で口の中がどうなっているか、私にはわからない。始まってしまえば終わるまでストップをかけられない。こんな時に地震が来たらどうしようと怖くなる。地震やその他の天変地異は、せめてすべての歯科医院の営業時間外に、と、つい願ってしまう。

抜歯には妙な高揚と疲労があり、歯医者に行った後は必ず小一時間眠り込んでしまう。

抜いたばかりの歯をもらい、その根元についた薄い肉片を爪で削りながら、ゆっくり歩いて家へ帰った。昼過ぎから夕方まで死んだように眠った。今朝まで一緒に生きていた歯は、私が望んだ暴力によってあっけなく死んだ。粘膜のなかで潤っていた奥歯はいま、血と肉を失くし、かさかさと白く乾いて骨らしい骨になっている。

1週間後、ふたたび歯医者へ行った。抜歯してから腫れはなかったものの、常にどんよりとした鈍痛が左顎にあり、笑ったり怒ったりすると地味に痛いのでしばらくはできるだけクールに過ごしていた。

親知らずのあった穴にはもうすっかりかさぶたができて塞がり始めている、はずだったのに依然として歯茎には深めの穴が空きっぱなしだった。

歯科医曰く「かさぶたができていないから骨が露出している」とのことだった。硬いものと辛いもの、お酒をしばらく控えて、痛み止めを飲んでいれば大丈夫という程度だったので、穴に軟膏を塗ってガーゼで塞いだあと、薬をもらって帰った。

下の親知らずを抜歯した友達のYが、1週間後くらいにお酒を飲んだら頬がぱんぱんに腫れて3日くらい入院していたのを知っていたのでこの1週間、それはそれは慎重に過ごしていた。酒どころ新潟へ行ってもお酒には触れず、元々予定されていた飲み会も行かなかった。

気づけばもう10日以上お酒に近寄っていない。そしてそれは、友達と会っていない日にほぼ相当する。愕然とした。私の人間関係は健康と飲酒によって繋がっていたのか。寂しくなってYにビデオ電話をかけた。Yはその日も胃腸炎で死にかけていた。画面越しの彼は冴えない顔色で、飲むヨーグルト片手にどうでもいい話をして、すべてのことにちょうどいい茶々をいれまくった。気づけば1時間以上経っていた。喋りすぎた。笑いすぎて顔が痛い。

痛み止めを飲んで寝た。

『春琴抄』谷崎潤一郎

合意の上での暴力のことを考えていたら思い浮かんだ1冊。

親密な二人の間に認められた暴力は、歯医者で奥歯を抜かれているのとは全く違う。読むだけで目をつぶりたくなるような瞬間も美しくもの悲しく、ページをめくりながらうっとりと、遠くへ行ける瞬間がある。まさにお耽美。私は暴力が大嫌いだけれど、フィクションの世界の暴力にはついつい惹かれてしまう。

血の匂いのする小説はぐいぐい読める時とそうでない時があるけれど、抜歯の後は、普段よりも血や痛みが身近になるので、痛々しい描写もよりクリアに読めるのだ。なんとなく落ち込んでいる時に元気が出るのは、案外こんな小説だったりもする。

りんごの皮むきができない

私は、りんごの皮むきができない。

りんごは好きだけれど、包丁を使った皮むきからは逃げ続けている。

子どもの頃、母に何度か練習をさせられた。けれど、まず包丁がおっかないし手はびしゃびしゃになるし、むきすぎた表面はポリゴンのように角ばってギタギタだし、むくのに時間がかかりすぎて食べる前からちょっとりんごが変色してくるしで、りんご1個を食べるまでには半泣きのへとへとになっていた。

頑張ってむいたりんごはさぞ美味しかろうと思うかもしれないが、りんごだった。

そこで私はりんごの皮むきができる人生を潔く諦め、すべての野菜と果物をピーラーでむく人生を選んだ。

とはいえ私だって、りんごの皮むきができない私に少しだけ後ろめたさがあるのだ。「りんごくらいむけないの?」って、こんな話題になることもあんまり無いから面と向かって人に言われたことはない。けれど、りんごの皮をピーラーでむいていると、私が私に向かって「いいかげん、りんごの皮むきくらいできるようになれよ」と囁く。

頭の中で囁く私と右手に包丁、左手にりんごを持つ私は完璧に同期されてはいない。「怪我をしたら明日の仕事に差し障るかもしれないからいいです」と、ピーラーを握り直して、目の前の赤い皮を一直線にむいてゆく。

私には「実はできないこと」がまだいくつかある。すべて子どものときに生活のなかで身につけそうだったけれど、面倒くさがって身につけなかったものだ。

たとえば折り鶴。あれも折れない。5歳かそこらのときに何かの拍子であれを提出しなくちゃいけなかったので、母に折り方を習った。あまりにつまんないし自分で折った鶴が不細工すぎたのにがっかりして以来、折り紙は折っていない。

今でも折り鶴を見ると、あまりに折れなくて最終的に怒りながら泣いたことや、母が折っているのを隣で見て一工程ずつ真似しているのに、すべての折り目が少しずつずれていく絶望がありありと浮かぶ。

この間、仕事で墨田区の区役所へ行ったら4、5メートルはあろうかという高い壁一面に、折り鶴で作られた巨大レリーフがあって、なんだかげんなりするとともに感動した。

学校の中では何かと鶴を折らされがちだった。私が折り紙をめちゃくちゃ嫌いなように、折り紙を折るのがめちゃくちゃ好きな子がクラスに必ずいてくれたので、自分の分も折ってくれるようお願いして折ってもらっていた。

弟は子どもの頃から何かと折り紙が好きで、折り紙の本を見ながら複雑な作品を丁寧に折っていた。引っ越す前の家にあったテレビ台の、たしか右側の引き出し一番下の段には、弟の折ったいろんな動物が色とりどりに詰まっていたはずだ。

あと、トランプ遊びもできない。わざわざルールを覚えてまで遊ぶことに興味が持てなかった。ゲームの中でしか使えないルールを覚えて勝敗を争うよりも、私はひたすらにお絵かきがしたかったので、友達がトランプを始めると自分の席で自由帳を開いて絵を描いていた。

今は、友達と同じルールを共有していることそのものが楽しいのかもしれないね、とは思うけれど、「七並べ」や「大富豪」など算数っぽいゲームのルールはわからないままに死んでいく気がしてならない。

『こちらあみ子』今村夏子

主人公のあみ子も、きっと、折り紙やトランプやりんごの皮むきができないんじゃないか。毎日学校へ行くことができない、宿題をちゃんとやってこられない、友達とうまく話せずに、どんどん学校で浮いていくあみ子を見ていると、子ども時代を思い出してしまう。でも、あみ子にはあみ子の世界があるのだ。

できないことをできないままで、子どもから大人になった人や、今そうなりつつある人にぜひ読んでほしい。

『82年生まれ、キム・ジヨン』チョ・ナムジュ

女性に生まれたキム・ジヨンの、理不尽で平凡な人生は、第三者によって淡々と語られる。

彼女の身に降りかかる数々の出来事は、私にも身に覚えのあることばかりだ。なのに、小説になって初めて目の前にも「ある」ことがわかるほど、「普通」すぎて見えていなかった。

この本にも、りんごをむくシーンがある。ジヨンが夫の実家に帰省し、姑と一緒にひたすら料理を仕込み、サーブし、食事し、片付ける。家族の食事が一段落ついた時、ジヨンだけは台所でデザートのりんごと梨をむいている。食事が終わって満腹の家族は、果物に見向きもしない。

食後のデザートとして何も言わずとも、嫁によって「普通」にむかれて皿に盛られて出てくるりんご。このりんごのように、ささやかに生活に染み付いたたくさんの「普通」は決して平等ではないのだ。

韓国で書かれた松明のような一冊は、私たちの今や未来を熱く照らしてくれる。

女ふたりで旅に出た話

香港にある九龍公園で一人きり、ベンチに座っていたら大きめのブルーベリーみたいな青い実が、雹《ひょう》のように降ってきた。ぽつぽつ、というほどは優しくない。ボン、ボン、ボコンとそこそこの重さとリズムをもって私のつま先や手の甲、頭の上へ落下した。痛くはないけれど確実に当たった感じはある。私の座っていたベンチの後ろの方から罵り合う声が聞こえて振り返ったら、上下黒い服を着た男と鮮やかなターコイズブルーのワンピースを着た女が二人掛けのベンチを立ち上がったところだった。

20年来の幼なじみと二人で、1週間香港へ行ってきた。

目的はそれぞれで私は「アジアのなかでも電柱地中化がされている香港で、いい電線は見つかるのか探す」「地中化に向かう日本でどう電線を愛でるかの未来予想図を描く」こと。美大に通う彼女はアジア最大の芸術見本市「香港アートバーゼル」を見ることと「香港に住む祖母に会うこと」だ。

目標はいい感じに達成できた。それぞれ興味深いものを見られて、香港まで行ってよかったなあとしみじみ思ったけれど、それ以上に今回の旅行で衝撃的だったのは「彼女とはぜんぜん共感できない」ことだった。

通説として、女友達は共感を重要視すると言われている。彼女とは20年来の友達なんだから、好きな食べ物とか好きな人のタイプとか、そうでなくとも服の趣味や夜型朝型など、どこかしら共通点や共感ポイントがあるだろうとのんびり信じ込んでいた。

嘘でした、1ミリも合わない。私は甘いものとお酒が好きで、夜型で、服はいい子ちゃん風の白い襟付きシャツが好きで、周りの人にはたとえ嘘でも丁寧にあたっていきたい。彼女はしょっぱいものが好きでお酒はあんまり好きじゃなくて、夜の8時には眠くなり、好きな服はスパンコールのついたTシャツや間の抜けた顔の竜の刺繍の入ったブルゾンだ。そして「戦いが好き」と言って憚らないほど人当たりに関して嘘をつけない。

あらためて、どうして私たちが互いに対して辛抱強く友達をやめないのかがわからなくなるほどバラバラだ。

思い返せば旅行前、航空券を取るときに並びの席を取るか、離れた席にするかどうかで話し合った。その結果「大人だからもうそんなに喧嘩なんかしないだろう」と言い合って並びの席で航空券を予約した。なぜ二人旅行でそんなことが議題にあがるかというと、成田から香港までの3、4時間隣にいたら喧嘩するんじゃないか心配だったからだ。

7泊8日の旅程で、私たちが一緒に帰宅した日程は半分に満たなかったと思う。大人になった、何ならアラサーに足を踏み入れた私たちは中1の頃、剣道部に一緒に入部して竹刀で防具の隙間の素肌をひっぱたきあう（本当はへたくそで陰湿な私ばかりがひっぱたいていた。しかも私は1年で剣道部をやめた）ほどの関係から変わっていなかった。

朝から夜まで一緒にいると、体調のリズムや気分のあがるタイミングがずれにずれるので、じわじわとストレスが溜まってくる。日が暮れる頃には互いに口を利かず3メートルくらいの距離をとって香港の雑踏の中を歩いた。

Wi-Fiを持つ係の彼女は手元のスマホを見つめ、Googleマップの点線の上を黙々と歩いた。手ぶらの私はしょっちゅうよそ見をしながら、振り返らない背中が遠ざかっていくのを追いかけることもなく、自分のペースで歩いた。そうして私たちは何度も何度もはぐれて、その度に私は言葉も土地もなんにもわからない香港の街でオフラインの、育ち過ぎた迷子になって、彼女が迎えに来てくれるのを疑わずに待つ。私は彼女に甘え、執着し、海の外までついてきてしまったのだ。

帰国の便でとうとう私たちは隣同士に座って、旅行でほとんど飲まなかったお酒をプラスチックのカップに注ぎあった。雲の上でお酒を飲むと、頭がぼうんとする。飛行機が成田に到着したとき、私はすっかり悪酔いしていた。

私が荷物より先に空港の便座を摑んで機内食を戻している間、彼女は酒なんか一滴も飲まなかったみたいな足取りでさっさと入国審査を受け、荷物を受け取り、到着ロビーから一人で帰った。

それから私たちは会っていない。

『性食考』赤坂憲雄

これは私が読んでいない本だ。今回の旅行に彼女が持って行った1冊。

アートバーゼルのチケットを買うために湿気た熱を浴びながら並んだときや、行きの飛行機、滞在中のバスの中などで彼女はこれを開いていた。たまにふと目を輝かせ「頭のいい人が話しているのを聞いているみたいで楽しい」と一方的にしゃべった、と思った3秒後には、また黙々とページを繰っていた。子供の頃、色素の薄い彼女の目を横から日に透かして見るのが好きだった。

ある日の朝食後、彼女が「なんだかあまりにそれっぽ過ぎて恥ずかしいから、カバーをかけたい」と言ったので、私は書店員バイトの経験をフルに生かしてカバーを折った。出来上がったカバーは中途半端で「えっ、任せてって言ったのに？」と言われた。彼女が中国語のチラシで折りなおしたカバーはＢ６のハードカバーをきっちりと包んでいた。

私は化粧品を買えない

私は化粧品を買えない。

現にもう1年以上、どのアイシャドウが欲しいかわからず検討し続けている。

金欠だとか、化粧品の差について自信をもって判断できないとか理由はいくつかあるけれど、一番の根っこにあるのは優柔不断さだ。

たとえば「子どもの頃から大人になりたかった」と書き出すとする。

すると「子どもの頃はずっと子どもでいたい、大好きなおもちゃに囲まれ続けたい」と思ったこともあったぞ、と言う声が私の頭の中に響き出して、さらに別の方向から「それはどっちでもいいから早く書き進めろ」という声も聞こえてきてサラウンドにわんわん響く。

5歳くらいの私にインタビューできたら解決できるかもしれないけれど、そもそもの前提として「物心ついた頃」が何歳なのかわからないんだから、過去に戻れたとしてもインタビュー可能そうな3歳頃から、定期的に「物心ついた？」と訊いて回るべきなのか、いやいや私の言うことなんて時々で変わっちゃうんじゃないの、とか。優柔不断な上に考えていたテーマからどんぶら流れてしまってもう私の岸が見えなくなった。おーい。

今日も、優柔不断のせいでフェイシャルパックを買えなかった。

顔に貼るとオバQみたいになるけど、はがした後にしっとりもっちりして超うれしい、顔用のシートパック。あれが欲しくて今日は打ち合わせの帰りに薬局へ寄り道した。

売り場にずらりと並んだフェイスパックは「保湿」「美白」「アンチエイジング」などの目的や「米」「カタツムリ」「ハチミツ」「パール」などの有効成分に加えて「2017年度ベストコスメ」とか「売上NO.1」とか、それぞれが声高に己のすばらしさを叫ぶ。

さらにパッケージそのもののかわいさもいろいろで、これは家に置くにはあまりにラブリーだなあとか、これはなんだかすっきりしていて好きだなあとか、検討すべき議題が目から無限に入ってくる。

ほんと、ちょっともう、まったく決められない。

パッケージの表を見てわからないことは裏を読むとわかるかしらと思って読んでみるけれど、それでもそれぞれが同じようで微妙に違うもんだから、あれも欲しいようなこれも欲しいような、どれも違うような気になってくる。

それなら一番売れているものにすればいいじゃないか、と「フェイスパック　おすすめ」の検索結果を見るけれどどそれも変わらずみんながみんな、いろいろといいことを言うのだ。さらに書き手によってその「よさ」の勘所が微妙に違う。

ああ、みんなそれぞれ、いいことばっかり言うなんて。

みんな違ってみんないい。どれでもいいし、どうでもいい。私は手ぶらで薬局を後にした。

口紅でもフェイスパックでも、何か一つ化粧品を買おうとすると、私は財布を握りしめたまま悩みの壁の前をうろうろすることから逃れられない。

額にうすく汗をにじませながら真剣に検討&逡巡するうちに、すべての違いが私にとっては関係ないように思え、そもそもどうして化粧品が欲しかったのかという根っこの部分でさえ、有効成分の見過ぎでくらくらになって霞んでしまう。どうせ、何を使っても私は変わらない。でも化粧品を使わないとマシな私にさえなれないんじゃないか。どれでもいいから、マシになれる物を売ってほしい。けれど欲望でくらくらになって自暴自棄にお金を使うのはよくない。後悔するかもしれないし、適当に買ってしまったら使わないかも、肌にちょっと合わないかも、と買わない理由についても考え始めると悩みの壁はさらに高くなる。

大枚をパパンとはたけたら、化粧品だけでなく買い物に関するさまざまなことはさっと解決するのだろう。

心から欲しいものがわかったら買う。ピンとこないのなら無理して買う必要はない。そんなことくらいはわかっている、だってモノ自体は欲しいんだから。でも私はどれが欲しいのかがわからない。

酸欠になりそうなので、別のものを見に電気屋さんへ行く。

オーディオコーナーに並ぶたくさんのイヤホン、そういえば最近一つなくしたばかりだなと思いながらきれいなケーブルのイヤホンを何の気なしに試聴した。

するとどうだろう、音の鳴り方が今まで使っていたものとまったく違うのだ。

頭の中でわんわん鳴る悩みのサラウンドを好きな音楽で奥から満たせる安心感。

水色ともグレーともつかない絶妙な色味の、すべすべして柔らかなケーブルが私の心を重低音で撃ち抜いた。これは欲しい、いくらだろうと値札を見れば1万6000円。

いやいや、これは、さすがに、と思ったものの、さっき化粧品のために積んだ悩みの壁が、上の方からほろほろと崩れてきた。ああ、物欲にのまれる。

高級イヤホンを買った日、その寸前まで悩んでいたのはその半分以下の値段のファンデーションだった。艶のあるものとないもの、カバー力のあるものとそうでないものを手の甲に塗ってもらったけれど違いがわからなくて、美容部員の人に「どう違うのですか?」と聞いた。その上でも、わからなかった。肌の上をちょっとだけペトペトした肌色の液が覆うが、どれも似た色で、同じような液だった。それでも私には、仕事上ファンデーションが必要だった。すっぴんでは仕事をしてはいけないからだ。

そのイヤホンと過ごす日々は楽しかった。地下鉄の窓に映る自分とイヤホンを見る度ににっこりした。けれど、気付いたらそのイヤホンもどこかへ置き忘れてしまっていた。書いているうちに、またあのイヤホンが欲しくなってきた。

『おめかしの引力』川上未映子

「おめかしの引力」に引き寄せられた作者が、一つ一つのお買い物やおめかしにくらくらしながら、ファッションについて語るエッセイ集。小説家の川上未映子さんはとてもおしゃれで、あこがれを縫い付けたようないい服もぱぱんと買ってしまわれるらしい。でもそれだけじゃない。大事なお買い物をするときには川上未映子さんだって、私と同じように壁の前をうろうろする瞬間もあるのだ。

働いてもらったお金を使うなら、好きなものだけを買いたい。いつかは私のクローゼットも、仕事用のブラウスやスカートばかりじゃなくて引力の強い服ばかりで一杯にしたい。

度数のずれた顔

知人が出ている舞台を観た後、劇場を出て3分で着く中華料理屋に入り、モデルの友人と二人で焼餃子をつつきながらビールを飲んでいた。斜め前の卓を囲む若い女の人たちは同じ劇場から出てきたばかりなのだろう、ハイボール片手に華やいだ顔で感想を話している。ふと、その友人に「蓮華ちゃんは何がしたいの？」と言われた。子鹿のように澄みきった、少女漫画みたいな瞳でまっすぐ見つめられて、私はつい、黙ってしまった。

肩書きとして「俳優」を名乗っているくせにこのところ舞台に立っていないし、この先にも舞台の予定がない。舞台を観に行ったときに貰ってくる何十枚ものチラシの束に混ざった「出演者募集」の1枚や、たまにウェブに上がってくる舞台作品のオーディション要項を、何度も何度もチェックする。

今回こそ出たい、何かしら引っかかりたい、何としてでも舞台に出たい、と思って受ける。けれど、受けただけでは舞台に立てない。振られっぱなしだ。でもやっぱり私は舞台に出たい。

「かっこいい舞台に出て、文章を書いて、電線を愛でたい」と彼女の目をまっすぐ見返して言った。ダウンライトを浴びた青島ビールの泡が、黄金色にかがやいてまぶしい。

芸能の仕事をする女の子たちにはもれなく、と言っていいほど華がある。仕事柄、人の8倍は美少女や美女と会う機会があり、私も横並びになってにっこりしないといけない場も山ほどある。美女と横に並ぶと、売り物の人形と同じようにそれぞれの見た目の差が際立って見える。こっちの子よりも顔が丸い、この子よりも目が小さい、この子よりもなんか地味。

子役の頃から「いつか垢抜ける」と言われていたけど、地味なまま25歳を迎え、そろそろ26歳の自分も1クール先に見えてきた。そのくせ、名前には「華」があるのはギャグっぽくて私らしいと思う。

先日、元同僚の結婚式に行ったら私だけ度数のずれた顔だった。円卓を一緒に囲む同僚たちは女優かモデルか両方やっている人だ。みんな顔が小さく、目は大きく、シンプルなドレスが着る人の美しさを引き立てている。それに比べて、私だけ自撮りアプリのフィルターがかかっていない人みたいに見える。なんか度数が違う。何枚も撮ったり撮られたりした写真を見てけっこう落ち込んだ。なんでこんな美女のなかにぶち込まれているのだ。

せっかくの結婚式だからと気合を入れておめかししたら、それがダサさを引き立てて、がっかり感を増していた。私はキラキラの美女ではないし、美女といるとどことなく引き立て役、美女のレフ板になってしまう「気がする」。

言い切らないのはせめてもの意地だ。

しかし私が私のことをどう感じていたって、たくさんの美女の中にぶち込まれて美女と並んで同じように微笑まないといけない。これが私の仕事だ。私は容姿で勝負することなんかできやしない。最初から求められてもいないのは悔しいけれど救いでもある。

前に「化粧品が買えない」と書いた後、ついにアイシャドウを買った。アイシャドウはその名の通り、発光するものでなく影を落とすためのものなのに、光があればそれを返して目を輝かせてくれる。

女優の友人が、先の挙式の「ご歓談」中に教えてくれたピンク色のパレットと同じものから、美容部員の人が細かい粉を一刷毛取って目元に乗せてくれる。ピンク色のキラキラがまぶたの上でほどけると、鏡越しの私は何だか優しい女のように見えた。それに同じ色のアイシャドウを付けたその人があまりに力強く薦めるし、もう半ばどれでもいいような、やっぱりこれがいいような、ないまぜのラメみたいな気持ちになって7000円のアイシャドウを買って帰った。

本当は、私もばんばん光を放てる人間になりたい。けれど誰かの照り返しで光る人になったとしても、それはそれで楽しいのかもしれない。だけど、かわいい人へのあこがれは消えない。

『可愛い女《ひと》』チェーホフ

街の誰もが「かわいい!」と言わずにはいられないくらいのかわいい女性、オーレンカの生涯を描いた短編小説。オーレンカは、いつも誰かをごっそり愛さなければ生きていけない。「愛は盲目」と言われるが、全身全霊で相手に尽くして尽くして、命の底から愛して愛して愛しまくるオーレンカの姿はちょっとおかしく、幸せそうで、全編においてざわざわする。

オーレンカの結婚相手たちは、彼女に向けて遊園地の経営や演劇論、材木のことなど仕事の話をする。聞き上手のオーレンカは相手の話を全肯定し、それを心から信じ込み、交際相手の目で世界を見て、語られた話をそっくりそのまま確信を持って語る。そういう時の彼女は生き生きとして、内側から輝くようだ。

誰かを愛していないときのオーレンカは、こっちが心配になるくらい空っぽだ。何を見ても、どう過ごしても、何の意見や感想も起きない。自分の視点がインストールされていないからだ。オーレンカ自身の空っぽさや、相手を愛することそのものが彼女の栄養になっているような様子は私にも身に覚えがある。

私も人の影響を受けやすく、人の話や本で読んだ話の受け売りで話してしまうことが少なくない。勧められた化粧品を買うし、買い物以外のことでも、近くにいる同じような考えの人と、同じような考えの中で縦に縦に進んでいって、全く別の考えが目に入らなくなっていることがよくある。私の話すこと、私の考え、私の言葉はどこまで「私の」ものなのだろう。

なりふり構わず、相手を疑わず、丸呑みするように愛するかわいいオーレンカを思い出す度に「かわいい！」だけでは腑に落ちない気分になる。

思い出せない夏

梅雨が明けた途端、光がフラッシュみたいに白くなった。窓の外を家の中を吹いていく風があまりに大柄だからそれでまた、うわあ夏だ、と圧倒されてしまう。しかも平成最後の夏だ、と思った途端、息が詰まりそうになった。

もう大暑も過ぎたのに、正直なところまだ夏を受け入れられていない。それも平成最後の夏、25歳の夏、暦の上でももう8月。ああ、もう、ああ、私も前向きに夏に飛び込みたい。できることなら明るい光や熱射、具体的には日焼けをおそれず、楽しいことに目を向けたい。

「平成最後の夏」という言葉が持つ、特別でキリキリした雰囲気に引っ張られて、生まれてこのかた25年すべての夏でやり残したことをなんとなく頭の隅で探すようになった。花火大会、海水浴、家族旅行に盆踊り。幸福なことに大抵の夏らしいイベントは平成一桁や十年代の子ども時代に一通り済ませている。どの思い出もおぼろげで、手持ち花火の煙の向こうにあるみたいで正直なところ「あった」ということ以外はさっと思い出せないけれど、こういうのは「あった」というだけで嬉しい。

このところ夜でも暑すぎて眠れない夜が続いて、睡眠不足の頭でビールをエンジンに生きているから、今書いている一つひとつの言葉をしっかり持てているのかもわからなくて不安だ。

日々こなしていきたい物事を手で触ろうとすると、その手ごとそこに置いたまま、肩ではなく肋骨の1本からあたらしく伸ばした腕が別のものを手に取り始める。目はぐるぐると様々な物に引き寄せられ、手は私の積載量を超えて、物を持つだけ持って動けなくなる。暑さで少し脳が溶け、すべてもったりしてる。黒いキーボードの上を跳ねる爪だけは金色と素焼きレンガの色、テラコッタオレンジに塗った。

家の中でぼんやりしていても、いま吸い込めるだけの夏は吸い込んでみせようという魂胆だ。工業製品じみた樹脂っぽいツヤが、母親譲りのやや縦長の爪のふちを際立てた。

何日か前、父親から古い写真のデータがLINEで送られてきた。

それらは夏の写真でもなく、私の記憶にもない写真だった。

1992年10月の日付の中で、生後3日の私が、今の私と同い年の母の腕に抱かれ、ふかふかのタオルケットに包まれている。見覚えのあるような無いような、小さな頭を見ていると、これまでの夏が急に眩しい気がしてくる。きっともう、走馬灯でしか思い出せない夏が、いくつもいくつも私のなかにはあるんだと思うと涙がこぼれそうになる。

梅雨明けの日のごおおおっと顔に吹きつける風の強さで思い出した。

高校生の頃、私は通学路の農道で向かい風に顔を圧されながら「将来があまりに見えなくてつらい」とよく泣いていた。

一緒に帰ってくれていた友達もはじめは心配したり、シュークリームをおごってくれたり、延々と話を聞いてくれたりしたけれど、それがあまりに毎日だから終いにはもう半分慣れて「ああ今日も蓮華は泣いてんの」くらいに言いながら片道7キロを自転車で飛ばしていた。思春期だったからか、性格のせいか、器用に自転車を漕ぎながら涙も鼻水も片道で1・5リットル分くらい出して泣いていた。たしか夏は、期末テストが怖くて泣いていた。どんな設問があったかは思い出せない。

農道の真ん中で鼻水と涙と不安をべろんべろんに吐き出していた頃、夏休みってどう過ごしていたんだろう。平成の夏は、すぐこの前のはずなのに、やっぱりぱっと思い出せない。

高校生の頃はずっと先にあった25歳の夏も、変わらず先が見えなくて、このところよく泣いている。次の年号の終りの夏は生きているだろうか。

どの夏も思い出せないから眩しいのだろう。

『バレエ・メカニック』津原泰水

私はこの本が大好きだ。「転校生」という舞台で女子高校生役をやった2015年夏、六本木の劇場からの行き帰りに第1章を読んだとき、目の前の景色がたしかに歪んだ。病室で眠り続ける少女「理沙」の意識が、世界ごと摑んで呑み込んでいく。歪んだ世界を描写する文章から溢れるSF的酩酊感は圧倒的にカッコよくて、読めば読むほど脳から汁が出る。

「隈《くま》なく巡らされたワイヤー、ひっきりなしに飛び交う電磁波、空間を埋め尽くすノイズ、無尽蔵に蓄積され増殖を続ける情報、そのなかで暮らす個々の人間の脳や神経――」(58頁)

「命題、都市は人間の脳を代替しうるか?」(66頁)

いま見ていた景色がぐるりと返される。東京の空も地中も埋め尽くすように這い回る電線が、最高気温に耐えきれず動き出す瞬間を見てしまうかもしれない、自分自身が白昼夢に溶けていくようなSF小説。

「夏の本」という訳ではないけれど、夏のことを思い出そうとすると、文庫片手に呆然と突っ立った真昼の六本木のアスファルトと一緒に出てきてしまう忘れられない本だ。

屈辱の土曜日

8月31日、竹下通りへ行った。

ピンクと水色と、セールの看板に貼られたゴシック体の数字の赤。

空気に呼気と砂糖が溶けて、いろんな情報がどろどろになって歯にくっ付く。

夏休み最後の竹下通りではおめかしをした小学生や中学生の女の子たちが甘いものや刺繍入りブラウスやお寿司の形のポーチなどを発見して、蟬のようにはしゃぎ続けていた。

私は彼女たちの歳の頃、毎週土曜日にダンスレッスンに通っていた。レッスンの前に早起きしてよくここへ来ては服や雑貨を眺めていたような気がするし、本当はそんなこと滅多になかったような気もする。

私はダンスが下手だ。リズム感が無いのと、振り覚えの悪さと、妙に体操じみて癖のあるにょろついた動きでどこへ行っても悪目立ちする。

小学生の頃から、短めに計算しても3年くらいはヒップホップを習ったが、とうとうダンスはうまくならなかった。熱気のこもるダンススタジオの後ろのほうから人の間を縫って鏡に映る私は、いつも死んだ目をしていた。

鼻や耳にピアスをつけたゴリゴリのBガール、ダンサー然としたダンサーのN先生が「ドンツカドンツカ」とカウントするのに合わせて動きを真似する。同い年のYちゃんは、空手の大会でいっぱい勝ってて、顔が小さくて背が高くて目が大きくて、ダンスがとても上手だった。さらっさらのポニーテールが低音を摑んでうなる。どこに売ってるのかわからない、ラインストーンのついたギャルっぽい黒のスウェットに、スケッチャーズの厚底スニーカー。運動神経のいいYちゃんだけでなく、ダンスを踊っているとき、どの女の子もかっこよかった。

動きと次の動きの間に毎回空白が入り「あれ?」と思ったとき、音楽はもう何拍も先に流れている。冷や汗をかき、口をパクパクさせながら手足をばたつかせていると、先週いなかった子がもう振りを身体に入れて「踊って」いる。

屈辱の土曜日だった。

ほんとうは、レッスンで教わった振りは家で復習しなくちゃいけなかった。けれど、ついぞ私は家で一度も踊らなかった。けれどそれから10年以上経ってから、私は夜な夜な電車に乗って音楽を聴きに行く。そのなかには因縁のヒップホップもある。

怪獣の鼓動みたいな音が漏れ聴こえる重いドアを身体で押して入る。ベタベタの床でハイネケンの缶がへしゃげて、踏むと貝の割れる音がした。熱と呼気、強い香水、胃を押すような低音。女子トイレに入る人たちの言葉はバラバラで、聞き取れぬ言葉のしっぽを追えば日本語だった。

知らない曲を聴いて知っているみたいに手を挙げるときの私は素直で軽薄だ。知ってる曲でも知らない曲でも、知っているふうに踊る。

もちろん知っている曲がかかるとすごくすごく楽しくて、死にかけた蟬のようにゲラゲラ笑いながら腕をジタバタさせたり跳ねたりする。きっと薄暗い中で見ればダンスに見えないこともないだろう。

きっと、このハッタリをかますために毎週土曜日にスタジオへ通っていたのだ。屈辱が雪辱に変わった。

『しき』町屋良平

高校2年生の男子が動画サイトの「踊ってみた」動画と出会ってから初めての動画を投稿するまでの四季が、たんたんとした筆致で見守るように書かれている。

思春期のこんがらがった身体と頭をダンスで少しずつ繋いでいく「かれ」の混乱ときらめきが詰まっていて、練習嫌いの私は彼のひたむきさがまぶしい。

完璧なダンスだけが人の心を動かす訳ではないのだけれど、練習なしで踊りたいように踊るのは無理だ。夜の公園でダンスの練習をする人の身体のなかでは、言葉以外の言葉がたくさん生まれているのだろうな、と踊れない私はごろごろと、わくわくと、踊る身体を借りるように読んだ。

バターみたいな軟膏

苛立ちが皮膚の下で痒みに変わる。

ちくちくとふつふつと皮膚に痒さが立ち、首のうしろや顎のあたり、唇の下、まぶた、膝の裏、背中、胸、肘、手首、いろいろなところへ気ままに浮き上がっては熱をちらしていく。

しばらくすると体のところどころに火傷のような赤い模様とランダムな鳥肌がぷつぷつと浮いてくるので、これ以上私が私の皮膚をかきとらないようにぬるいシャワーを浴び、優しくなだめるように透明の軟膏をぺたぺたと塗る。

外出先ではできるだけ傷つけないように患部をじっと押さえてみたり、手でぱんぱんと叩いてみたりもする。

痒みはしれっとやって来て、私を散々ぶちのめした後にふっと、いやなこともいいことも、最初から何にもなかったのですという顔ですっと消え、目がさめた頃にまた私を殴りに来る。

私は私をこれ以上えぐらないために、爪をいつも短く切っている。

子どもの頃から、会社と結んだ契約の中にあるこの身体は、私個人のちょっとした苛立ちで引っ掻いて傷ものにしてはいけない。けれど私は私の皮膚から剝がせない、皮膚は私の全部ではないけれど、この皮膚は私そのものでもある。悔しいけれどこの痒みも私なのだ。

毎日洗って拭いて軟膏を塗ってと皮膚の世話をし続けるのも、いろんなことの区別がおぼろげになり、たわんだ皮膚ごと私を看取るのも、突き詰めれば私しかいない。

皮膚科医というのは、診察をして症状を抑える薬を処方することはできるけれど、なぜこうなっているか、原因そのものについて明確に言うことはできないらしいと聞いた。

私が何をしたのだ、というのは皮膚の痒みとか皮膚そのものにとって意味のある問いかけではないし、わかったところでどうにかなるものかはわからない。それなら、いいこともわるいことも自分のものにして生きていくしかない。暑さにかぶれる季節が過ぎてまた秋がきた。この時期は乾燥で肌が粉を吹く。

26歳になった。

ということはもうすぐに年末がきて年始がくる、まだ見えない時間がどんどん流れて、あっという間に柔らかい肉のたるみと皺と白髪に包まれながら、おぼろげに自分を看取る日へどんどん近づいていく。

子供の頃、風呂を上がってすぐのほかほかの皮膚に母が軟膏をさするように塗り込んでくれた。とびひでただれた肘や膝のうらが白い軟膏で塗り固められ、真夏の夜に自分の身体からバターに似たにおいがしたことを思い出す。母の手はいつも必死だった。

肌が弱いまま大人になったが、風呂上がりには自力で薬を塗れるようになった。

お腹が空けばちょうどよくバターを乗せたトーストを作ることだってできる。

1300Wの熱で3分焼かれて、ところどころかさかさになったパンの真っ白な肌にバターがすべる。溶けてできたしみは濃い味がして、パンはじっとりと湿ってすごく美味しい。

まふりと食んだ瞬間に香る小麦の甘い匂いや、バターのしみを舌でざりざり撫でるときの食感を思うとうっとりする。この文章を書いている間も私の手は私の皮膚をかき続けている。

いま、まだここで熱を持っている赤い模様や焦げ目のようなかさぶたは、意識と皮膚の境がおぼろげになる頃どうなっているのだろう。


『野戦病院』谷崎由依（文学ムック「たべるのがおそい vol.6」より）

一人の女性の身体が、病や日々の生活、そして分厚い契約書の先にいるだれかによって大きく揺さぶられる。実体のない静かな戦時下で、主人公の子宮は「彼ら」によって差し押さえをくらうように摘出されてしまう。思い通りにならない身体と複雑な書類手続き、何度も処方される飴玉のような鎮静剤、女たちのやさしさ。いつだって具合が悪くなる可能性を抱えて生きている私を診てくれる清潔な手は、他人の手だ。

物心ついた頃から私の身体は私のものであり、同時に私だけのものではない。順調に成長し老いていくだけではないこの身体は、どこまでが自分のものだろうか、社会に握られているこの身体って、なんなのだろうか。

袖から観る舞台

ここのところ、舞台を観に行くのがますます好きだ。いい舞台を観れば心がひらくし、その後に飲むお酒も美味しい。

それと同時にどうして私は客席にいてばかりなんだろうとも思う。

2018年出演した演劇は1本だった。ほんの少しの稽古と、それよりも短い本番が、あっという間の幻のように私たちと、観客の前に立ち上がってわあと消えていった。

舞台俳優の人はみんなあの真っ暗闇の暗転や、袖明かりだけが微かに見える暗い舞台袖に立ったことがあるんだなと思いながら、煌々とした画面を前に背中を丸めてタイピングしている。2018年秋に参加した公演でも、本番中に舞台袖からこっそり舞台を観ていた。

何度も何度も稽古で観たお芝居をお客さんと一緒になって、けれど声は出さずに笑ったり驚いたり、感じ入ったりするのが大好きだ。どの公演でもすごく楽しい。けれど舞台袖でお客さんと一緒に舞台を観られるのは、自分が出ていないからでもある。

子供のころ、会社の人から「うちの会社にはスターとか、主役を張れる人以外は置いておけない」と言われた。そうか、と思いながらいろんなことに焦ったり喜んだり落ち込んだりしているうちに10年以上経ってもうずいぶん大人になってしまった。けれど、一度もスターになれたことはない。

自称俳優なのに、稽古場でもなく舞台の上でもなく、客席にばかりいる。しかし、私がずっと真ん中にいる舞台を、私は観たいだろうか。いま、非常に正直なところ観たいかどうかはわからない、けれど私はやってみたい。意地だ。

きょう一等賞になれなくっても、やりたい役がやれなくっても、人生は続いていくのを最近わかりはじめたので、私はすぐ消えたくならなくなった。これから、なにかいい役とめぐり合わせがあるよきっと、これからもっと、楽しいことがたくさんあるよと、人生は10年20年かけてゆっくりひらいてゆくものだから安心して、と自分に言い聞かせている。

これがどこまで本当かはわからない。今日は一ついいことがあったから嘘なく書けるけど、明日は同じ気持ちで言えないかもしれない。こんなこだわりはもう執着以外のなにものでも無い。舞台とか表現とかへの、恐れや、自信のなさやあこがれで、がんじがらめになって生きている。オーディションでは演出家の言うことを犬のような目で聴いていた。一言一句逃したくなくてそういうふうに聴いてしまうんだけれど、その自分を思い出したときに、なんだか全部がまるごと滑稽だとも思う。

さまざまな縁をつないだり切ったり手放したり、どこかへ置き忘れたりしながら生き続ける。暗いところと明るいところを行ったり来たりしながら、辞めないことを続けたい。

『やっかいな男』岩井秀人

劇団「ハイバイ」の主宰・岩井秀人さんのエッセイ集。岩井さんの子供時代から現在までの公私にわたる様々なエピソードが、頭の中をそのまま文字に起こしたような文体で書かれている。度々出てくる一人称は「男岩井」。

一編ずつしっかり面白くて、ああ、演劇をやってる人の頭の中って人生って、こんなに面白いのかと打ちのめされる、という隙さえ無いくらいに笑ったり、ジタバタしたり、なんにも言えなくなったりした。密度が濃いのにさらっと読める1冊。

「普通」の容姿

大事な撮影の前日の朝、小顔矯正の予約をした。軋まないベッドの上で自分の頭蓋骨が軋む音を聴き、頬骨の痛みに驚きながらお金を払った。

中学生や高校生のころ、CMのオーディションをたくさん受けた。地図を片手に休日のオフィス街をうろうろしていると、白いワンピースを着た美少女がこつ然とあらわれる。目的地と反対側に歩いていれば、それはオーディションを今しがた受けてきた同業者で、目的地へ向かって歩いているのであれば同じオーディションを受ける同業者だった。

「控室」という張り紙の貼られた会議室のドアを開けると、白い服を着た黒い髪の少女たちが長机を囲んで大人しく座っている。機密情報の絵コンテには「清潔感があり、元気で明るい普通の女子高生」とある。

向かいの子も隣の子も、どう見たってみんな、めちゃくちゃ綺麗で清潔感に溢れている。私もそれらしい清潔感を出すため、生活感いっぱいの部屋に干された一張羅の白いワンピースにアイロンをかけて着てきた。隣の女の子が念入りにリップを塗り直す。「普通」の女の子がこんなに仕上がってるわけあるかよ。

恵比寿の繁華街のマンションの一室にある「隠れ家サロン」の扉を開けると、茶髪のロングヘアにパーマをかけた女の人が小さめの声で出迎えてくれた。花束のにおいがする。白いベッドに白い壁、26歳の私は目をつぶって口から小さく息を吐く。白いマスクを着けた女の人が、手のひらを私のこめかみに当てて、頭蓋骨に全体重をかけている。顔の骨が軋んでいる、めちゃくちゃ痛いけれど静かに静かに堪える。顔の小さなモデルがインスタグラムに「気持ちよくて寝ちゃいました〜」って書いていたのを見てここを予約したのに。

思いのほか個人差のある感想だったのか、それとも丸顔にはそれなりの施術があるということなのだろうか。頬骨の辺りへググググ、と圧をかけられると、ビンタの痛みの芯の部分だけを延々と味わわせられるように痛い。女の人は一つ工程を進めるごとに「ほら！　ここ！　触ってみてください！　シュッとしましたよね？」と手鏡を渡してくれるので、鏡を見ながら一緒に顔の出来上がり具合を確認する。

メガネを外した私は鏡越しにぼんやりした自分の顔を見る。頬を触ればなんとなく頬骨が内側に入りシュッとしたような気がするけれど、明確な差まではわからなかった。

お姉さんから「いかがですか？」と顔を覗き込まれて、仰向けになったまま「ゴッドハンドですね！」と答えた。

私は自分の骨がきしむ音を少なくとも30分以上、黙々と聴いていた。こんなに痛いのになんにも変わらないわけがない。

痛い、痛い、痛い。耐える、耐える、耐える。

ゆっくりと悔しくなってくる。

私は何のために綺麗でいたいのだろう。なぜ綺麗になりたくて、どうしてそう思うようになったんだろう。そもそもどうして綺麗にしなくちゃいけないの？

きっと私は「作り物の普通」を内面化している。そしてそれは私が15年もいる芸能の仕事でやっている役割のほとんど全部なんじゃないか。その普通って、誰のためのものなんだろう。小顔矯正が一通り終わって鏡を見てみると、そこにあるのはやっぱり「普通」の顔だった。

『悲しくてかっこいい人』イ・ラン

イ・ランは１９８６年に韓国で生まれた多才なアーティストだ。

２０１６年に韓国で出版されたこの本は、２０１８年の11月に日本語でも出版された。彼女の日常やこれまでのことが詰まった、正直なエッセイ集の１９１頁「みんな、顔が大きくなる」には加齢とともに顔が大きくなることへの率直な疑問が綴ってある。

彼女の日常に触れられるようなエッセイの数々はときに声が出るほど笑えて、ときに胸を締め付けられるほど切実だ。隣の国で暮らす女性も、同じようなことで悩んでいるのを知るだけでも、気持ちはなぜかすこしゆるまる。

身もだえる自画像

インスタグラムで「映える」場所の写真やかわいい犬、可愛らしく飾り付けられた季節のパフェ、丁寧に整えられた誰かの暮らし、そして素敵な女の子の姿をしょっちゅう眺めている。

それは日々の楽しみになっていて、いまのところ飽きそうにもない。けれども「写真映えさせた私」にシャッターを切ってSNSを更新することがいまだに苦手だ。

オンラインのアカウントに紐付けられているオフラインの（ダサい）自分に自信がない。SNSの上だけでもおしゃれな人間になりたいのに、自意識がそれをつっぱねる。

ＳＮＳにアップされた写真はハレの瞬間が多い。そして、その写真たちはアカウントによってオフラインの、ケを生きる自分に紐付いている。

私はＳＮＳにアップした自画像を見返すとき、撮った写真に写るハレの瞬間より、それを撮る私自身のうしろ姿を見てしまう。自分を出来るだけ「かわいく」撮るため、いそいそと光の当たる場所に移動して、スマートフォンの角度を調整し、丸い顔がしゅっと見えるよう小首をかしげてシャッターを押す。そんな自分を思い出すと健気ではあるが、つい言い訳をしたくなる。

「みんな撮っているでしょう」

「いまどき普通だもの」

「自分を好きでどうして悪いの？」

「芸能人だから仕事のうちだよ」

そんなことを心の中で唱えながら仕事の合間に誰もいない部屋で、地道な自撮りをしていたある日、打ち合わせにやってきたスタッフと共演者にその様子を見られてしまった。

私は慌てて、スマートフォンをただ操作していた振りをしてごまかした。

けれどもあまりにいたたまれない気分になり、スタッフの人に自分から「いやー、自撮りしてたんですけど、見られちゃいましたか」と言ったら「あ、はあ……」というような、非常に濁った肯定が返ってきた。どうでも良すぎる弁解だった。共演者の人にはなにも言えなかった。

こんな思いまでして撮影された「かわいい私」は、浮かれているときや酔っているときなど、大胆なことをしやすい気分のときにSNSにアップされる。

けれどけれど、やっぱりよりどころのない気分になって、タイムラインから早く見えないところへ流れるよう急に投稿を増やしてみたり、こっそり投稿を削除したりする。

そもそもより多くの人に自分の姿を見てもらうことが仕事だ。こうしてクダを巻くよりも自分の写真をもっとたくさんアップして、自分の撮った自分の写真や、誰かが撮った自分にも慣れていくほうがいいだろう。だけどやっぱり、まだしっくりこないのだ。

実際は、デジタルで撮った自分の顔を画面越しにしょっちゅう見ている。右に並んだ人と左に並んだ人、それが何歳であっても性別がどんなふうであってもつい顔の造作を見比べてしまい、ああ、自分の顔ってこんななんだよな、とがっかりする。他の誰かの写真を見てもこんなことは感じない。

テレビやスマホなど、画面に友達が写っていれば、会ってないのに会えたような気になってちょっと嬉しいし、会ったことのない女の子のかわいい写真を見れば「かわいい〜！」と言ってひとしきりうっとりした後、友達に見せて一緒にはしゃぐこともあるし、保存をしてたまに見返すことさえある。

シャッターを切るまでに悶々とするのは自分の顔写真だけではない。どこかへ出掛けたときの「映える」写真もだ。

脚本と出演を担当した短編映画（こうやって書くと自分がまるで立派な人のように思える）が京都の劇団「ヨーロッパ企画」さんのカウントダウンイベントで上映されるので、年末年始に京都へ行った。ＳＮＳで写真映りのいい喫茶店を調べて、日に何軒も巡った。どこも素敵な雰囲気で、古びた壁の色や、自分がまだ生まれる前からある建築が持つ独特のかわいらしさにわくわくして、手元のスマートフォンで写真を撮ってＳＮＳに載せたくなった。

けれども「おしゃれなところへ行っておしゃれな写真を撮る自分」が気恥ずかしくなってしまって、どこへ行っても電線以外は撮れなかった。

またしても、憧れているはずの振る舞いに自意識が待ったをかける。写真に映るのは私のまなざしだ。アカウント名が写真より先に表示されるＳＮＳで強いのは、写真を通じた撮影者「本人」のほうなのではないか。つまるところ、私は「かわいいが好きな自分大好き」と言ってしまうのに照れているだけかもしれない。うう、自意識がもだえる。

電線の写真を撮るときには悶々としない。全然しないし、より「映える」電線を撮ることで頭が一杯になって楽しい。

数年前から電線の写真だけをアップするインスタグラムアカウントを更新している。来月に出す電線のＤＶＤには私が電線を見上げたり、にやにやしながら道っぱたに腹ばいになってシャッターを切ったりする映像が延々と収録されている。恐れ多いことにこのＤＶＤの企画者でもあり出演者なので、製品になる前の映像を確認させてもらった。「こんな、一日中、ずっと上向いてたのか」ということにびっくりした。人に説明するときに「電線を見るのでよく上を向いています」と言ったことはあったけれど、ここまでずっと上ばっかり見上げている女を初めて見た。

若い女性芸能人には、まなざす人にとっての「かわいい」あるいは「きれいな」もしくは「元気で明るい」ことなどが求められる。そして私も幾度となく「かわいい」に応えようとして、その度少しずつ悶々としてきた。

せっかくの初めてのＤＶＤだから、もっと「かわいい」感じに写るよう努力すればよかったのかもしれない。けれど、逃げない電線を必死に追ったり、いい電線を見つけてはしゃいでいる自分を見るのはなんだか面白かった。電線愛好家の私は人から見た「かわいい」を忘れて電線に夢中だった。この仕事をしていてよかったし、ＤＶＤを出してもらえてよかった。

ここまで自分のことを延々書けるのはそもそも「自分大好き」だからに違いないんだけれど、てらいなく言うには自信がない。好きなものを追うときの姿はときにみっともないし「かわいい」とは違うかもしれない。

でもいいなと思う。電線があってよかった。


『ホンマタカシの換骨奪胎——やってみてわかった！

最新映像リテラシー入門』ホンマタカシ

「ヒトツの表現は突然、天才のもとに空からふってくるわけではありません。

脈々と続く人間の営為の大きな流れの中にあるのです。

平たくいうとバケツリレーのようなものなのです。

しっかりと先人の作品を受け取って、それを自分なりに、そして今日的に少しでも前進させて、
また次の世代にパスしなければならないのです。

科学の世界で、先行研究を調べない論文などありえません。

換骨奪胎。

あえて真剣勝負をするために、この強い言葉を選びました」(4、5頁)

映像・写真をはじめとする視覚芸術について、のんびりぼんやり眺めるところから、もう一歩近づいて鑑賞し、考えるための扉となる本。

写真家のホンマタカシさんが、視覚芸術の歴史や作家を解説し、紹介する手法を実際に試して作品制作につなげていく。部屋をピンホールカメラにしてみたり、写真を絵画のように加工する「雑巾がけ」を試してみたりする中で生まれるホンマさんの発見は、どれも説得力があり、わかりやすい。学ぶことや考えることと、手を動かすことはどれも1セットだ、という物事の真っ当さに触れる旅でもある。

たとえば「七章 赤瀬川原平と路上との出会い」では路上観察的なものの見方について、「十二章 マグリットと視覚」ではポートレイト写真における撮影者と被写体の関係性について、「十六章 仮説 毎回初めて世界に出会う」では記憶に障碍を持ちながら活動していた写真家・中平卓馬について紹介し、同じテーマの被写体を繰り返し撮影し続けた中平氏への「仮説」が写真家である著者ならではの感動をもって紹介されている。

写真に撮られた自意識に悶々とし続けるのも悪くはないが、これまで写真が来た道を辿ってみると、視界が少しだけ開ける。

「遊ぶ金欲しさにやりました」

26歳、春を前に全財産が253円しかなかった。

死なない程度に仕事して生きてきたけれど、とうとう覚悟を決めなくちゃならないのだろうか。やらなくちゃ、でも全然やりたくない、の間で気持ちは揺れる。

口座にあるお金も1000円を切ってしまったので、口座からお金を引き出すことさえできない。何度目かさえ数え切れないほどの貧乏だ。今だって、死なない程度には生きていけている。ただ、それは食う寝るところも住むところもあるから「死んでいない」だけである。

すねた言い方をしたけれど、大なり小なりしたくないことはできるだけしないようにして、したいことはほどほどしているので、20代後半になってから、これまでよりも好きなことを積み上げている手応えがある。どちらかというと楽しい人生だ。

けれど、このぼんやりたのしくいつも不安な生活を支えてくれているのは、私の稼ぎではない。収入はいつも不安定かつ一緒に大学を出た友達とは比べるまでもなく低く、いつも雨の前のつばめみたいな飛び方をしている。私は一人で生活が出来ない。

大人になってもこんなに自立できていないとは思わなかった。だがしかし、アルバイトをする気が起きない。全然やりたくない。

本当に、心から、できるだけ働きたくない、けれどご飯はいっぱい食べたいしお酒も好きなときに飲みたいし、本は欲しいし舞台も観たい。したいことに制限をかけないでいたい。欲深い私を満たすためにきっとさらなる労働からは逃れられない。残念でならない。

高校生の頃、人生初のアルバイト先に選んだのはバイパス沿いにあるファミレスだった。弟の飼っていたセキセイインコの「ロナウジーニョ」を不注意で逃してしまったときに人生で初めて泣きながら「やけ食い」をした大きなチョコレート・パフェのある店だ。

子どもの頃はその店の「おこさまパンケーキ」が大好きで、くまさんの顔の鼻のところに置かれたバニラアイスや、目のところに置かれた丸いグミを愛していた。

オーディションは何度も受けていたけれど、自分で履歴書を書いてバイトの面接を受けるのは初めてだった。こわごわと働きだしてから2ヶ月も経たず、ウェイトレスに挫折した。皿を運んだり下げたり、コップを静かに置いたり元気に挨拶したりしてお金をもらうことがこんなにも大変で退屈だなんて。たしかに不器用なほうだとは思っていたけれど、私はここまでポンコツだったのか。

それでもお金は欲しかったので、あまり客の来ない曜日の夜にばかりシフトを入れた。店ではできるだけいい姿勢で立ち、暖色の店内のどこにも焦点を合わせずに、客がこれ以上来ないことを強く念じて時間を潰していた。

高速の下道を走る車のライトを眺め、強盗が来たらこわいけれどバイトは一瞬でお開きだろうなあと様々なパターンの強盗について思いを馳せる。退勤までの数時間がおそろしく長い。

ある日、バイトの先輩から「石山さん、時計ばっかり見ないで」と言われた。この店では本当に時間が流れているんだろうかと、半ばのけぞるようにしながら頭上の時計を数分おきに凝視していたのがバレてしまったのだ。それから「文化祭の準備」を理由にシフトを入れなくなり、後ずさって逃げるようにバイトを辞めた。

それ以来、飲食店やレジ打ちのバイトの人には絶対的なリスペクトがある。コンビニでも薬局でも、バイトの人がどんなにおたおたしようと多少愛想が悪かろうと腹は立たないし、できればもっと楽に働いてほしい。私に出来ないことをしっかりやって、人によっては自立までして生きている。すごい、本当にすごい。この原稿はあのファミレスの別の店舗で書いている。

253円だった全財産は、できるだけしたくないこと以外の、おおむね好きなことをして働いてもらったお金によってにわかに息を吹き返した。とんかつ御膳もハンバーグもデザートも頼めるが、自立した生活はできない程度の額面だ。

あの店で一番仕事のできない私が担当していた、水や飲み物をコップに注いで持っていく仕事はセルフサービスになっていた。アルバイトの研修で習ったことも覚えきる前に辞めてしまったけれど「水の入ったコップを置くときに机とコップの間にすっと小指を差して音をミュートさせる」ということだけは覚えている。

自分のために注いだ水を机にそっと置く。机とコップの間で、小指は無様に挟まってすっと引けない。「ゴツン」。音がする。

もう一度、小指をそっと抜いて、「コツン」。やっぱり音がする。

たしかに小指を差し込まずに普通にコップを置いたときより幾分音は静かになるけれど、これってやってもやらなくても音がするんじゃないか。そもそもこんなこと、誰が喜ぶんだろうか。

会計は2000円ちょっとだ。なにをやってもやらなくても、生活にはお金が要る。

でも、やっぱり、バイト、したくないなー。

『ものするひと（全3巻）』オカヤイヅミ

主人公は、文学賞を受賞した経歴がありながらも警備員のアルバイトで生活をする若手の純文学作家・杉浦紺。「ポメラ」でぽつぽつとものを書きながら食べ、働き、遊び、眠る。小説に興味のないアルバイト先の同僚との会話から始まるこの物語は、稼ぎに直結しないことを職業にするある種の「へんなひと」とそれを取り巻く人々との会話や、やわらかな緊張感に現実味がある。

地道に書いている人の生活は、静かだが、内側にふつふつとしたものが動いているのだ。

1巻の巻末にある著者・オカヤイヅミさんと小説家・滝口悠生さんの対談「ものするひとたちのリアリティ」もおすすめ。

みそ色の女子が駆けてく二学期へ

デニッシュを片手で食べて検索す「女性　アラサー　平均年収」

パルテノン銀座通りに大寒波かぜシロップでかき氷食う

春風を摑んで投げる黒髪の形状記憶ボブヘアはいい

ねむってる男はみんな撫でたればいびきがすっと小さくなるよ

全身が毛だらけの犬あなたより乳首の数がずっと多いね

会社を辞め、髪を切って倒れた3月末の話

誰の許可もなく髪を切ったのは、はじめてだ。

長くお世話になった番組の謝恩会を終えた足で美容室へ飛び込んで、ショートカットにしてくださいと言った。耳元からさくさくと音を立てて落ちていく黒い髪はハサミ一つで私のものではなくなり、さっきまで私の髪だったものを切り落としてしまった私は、変わらずに私だった。

鏡を見れば左頬に治りかけの吹出物のあとがしぶとく一つ残っていて、眉は子どもの頃と変わらず少しだけ八の字で、まるい目は犬じみている。

外に出ると、頭をなでる風がひんやりした。

物心ついた頃からずっと髪を切るときはマネージャーさんにおうかがいを立てていた。髪を切りたいと思ったら、まずマネージャーさんを通じて社内から社外へ「石山蓮華は髪を切ってもいいですか」という連絡をしてもらう。関係各所に確認を取ってもらい、やっと5センチ、大胆に10センチ、慎重に髪を整えていた。

3月末で子どもの頃から16年所属していた芸能事務所を辞めた。

ほんとうに愛情深い会社だった。たくさんの方にとてもお世話になって、埼玉のぼんやりした子どもはTVの中の一瞬キラキラして見える人にも、好きなものに前のめりになる人にもなることができた。つらいときに笑顔と元気を出させてくれたのは会社の人がつないでくれた仕事で、仕事を見てくれたファンの方は温かい言葉と優しさをくれた。会社にいるうちにすべてのご恩を返せたらよかったのだけれど、それでも温かく見送ってもらった。

ずっと見守ってくれていた大人たちのまなざしが一気に遠くなる。

これからは、私のために生きていく。会社に判断してもらっていた一つひとつを自力で見て、決めて、生きていくのだ。

……と、かっこよく思ったその数時間後に38・6℃の高熱を出してベッドに倒れ込んだ。

ひんやりした春風は寒気だった。全然気付かなかった。髪を切るとあんなに外が涼しく感じるものかと思ったけれど、私が発熱していたのだ。

高熱で朦朧とするなか「私、このまま死ぬのかな……」と思った。思っただけでなく口にも出した。よくわからない熱い涙も出た。身体中のジップが壊れたようになり、ベッドとトイレを往復した。

翌朝、近所の病院で半袖を着たスキンヘッドの内科医に「胃腸炎だね！」と元気よく診断された私は「これなら明日から元気！」と言ってちょっとふざけて3秒踊ったそのすぐ後に、昨日よりちょっとだけ高い熱を出して再びばったり倒れ込んだ。会社所属の芸能人として最後の仕事だった、深夜ラジオは出られなかった。

芸能人の私に関する権利はいつも会社に守られてきた。私に関する権利は私のものでなく会社のものであり、私は一人の人間として生きながらも会社の権利に帰属する一つの商品であった。

会社を離れて、私の髪もふるまいも言葉もすべて私のものになった。誰かのまなざしは気にするのもいいし、気にしなくてもいいし、なんでもいい。私に私のすべてが任せられている。これが自由なのかと思うと、あまりに何ということもない。

平熱に下がり、3日ぶりにシャワーを浴びた。濡れた髪は一瞬で乾いた。

丸顔にショートカットはあまり似合わないのかもしれない、でも自分の意志を通して髪型を選べるのが超嬉しい。「出来るだけ丸顔が目立たないようにしてください」と言って切ってもらっただけあり、とてもいい感じだ。すごく気持ちいい。

手帳を開いても先のスケジュールは白紙で、毎月だんだん真っ黒に埋まっていたスケジュールは、人のおかげで埋めてもらっていたことを知る。たいへんなことを決めてしまったようにも思えるし、大したことではなくも思える。けれど、なんだかもう楽しい。

今日はたまたま用事があるので外へ出る。

軽くなった頭なら電線も桜も見上げやすいかもしれない。

『ぼくを探しに』シェル・シルヴァスタイン

「何かが足りない　それでぼくは楽しくない

足りないかけらを　探しに行く」（6〜9頁）

まんまるの主人公「ぼく」は一箇所だけがぱっくりと欠けている。

「足りないかけら」を探しにいく主人公はさまざまなものと出会い、歌いながら転がって旅を続け、ある日とうとうぴったりのかけらを見つける、しかし。

高熱でガタガタ震えながら「16年も費やしてきたものを手放してしまうなんて、もうだめだ……バイトもいやだし、このまま死ぬんだ……」という考えでいっぱいになったとき、子どもの頃に何度読んでもピンとこなかったこの本のページが浮かんできた。

作中で、主人公はさまざまなかけらを見つけ、その度にはめてみようとするが、ある時はそれが大きすぎたり、小さすぎたり、はまったのに壊してしまったりする。この本にまったくピンとこなかった頃から考えると、16年もジタバタしたのは大事な時間だったと思う。

令和婚した友達

大学時代の友人が5月1日に令和婚をした。

LINEで送られてきた写真では、彼女とその夫となった人が二人で婚姻届を広げてはにかんでいた。自分のことではないのに嬉しい、いや、自分のことではないから嬉しいのだろうか。結婚がすっかり身近な話になってきた。

季節毎に居酒屋で開かれる女子会に、Nが残業で遅刻してくるとき「やー、申し訳ない！」と小さな手をぺちんと合わせ、ハムスターみたいに縮こまって入ってくるのはいつも可愛い。

しかしその日は私が大遅刻をした。女子会のメンバーの一人で、正論を愛し、正論に愛されるKから「いつも暇そうなくせに何の予定があるんだ！」と責められたが、その日はたまたま朝から4つも予定が入っていた。けれど私は、その前の予定に付き合ってもらい、一緒に合流したMのこともすでに1時間待たせていた。ビールを飲む前から口の中が苦い。私は平謝りしながら、下からジョッキを当てて乾杯をした。

一段落したとき、Nはちょっと背筋を伸ばし「私、みんなに話があります」と切り出した。続く言葉よりも早く「おっ、もしかして結婚すんの!?」と被せてしまった。そういえばNの左手薬指には、今日はじめて見る指輪が輝いている。指輪ってこんなにきらきらするのか、と思った。

Nは、早回しのようによく喋り、ねずみ花火のようによく笑い、馬のようによく働く。「めでたいね！」「意外性ないね！」「めでたいね！」などと言いながら、その日はビールを何杯飲んだかわからない。彼女が左手を顔のそばに近づけて笑う、いかにも結婚報告らしいポーズの写真は何枚撮っても全部が全部ブレていて、指輪は銀色の明るい光になっていた。これまでだって仕事で出会った人からの結婚の知らせを受けたり、友人や親戚の結婚式に出席したことはあったけれども、大学の同級生から受ける結婚報告は特別に嬉しい。

私もこんな話題が身近になるようになったのだな、という謎の感慨深さがある。

Nは5年目の交際記念日に、旅行先の沖縄の海で日付が変わると同時に手紙を贈られたのだそうだ。すかさず「どんな手紙？」「プロポーズの言葉は？」と聞いたけれど、教えてくれなかった。真冬の真っ暗な海を前にして、日付変更とともに読まれた手紙にはなにが書いてあったのだろう。手紙を読んで、Nはぽろりと泣いたかもしれないし、いつもよりもっと明るく笑ったのかもしれない。

いずれにせよ、花嫁になった彼女はロマンチストに愛されているんだなと思うと、なんだかすこしおかしく、とても嬉しい。

半径5メートルくらいを見回してみれば、付き合った人はいるけれど誰とも結婚していない私がおり、友達は入籍したり、結婚に興味がなかったり、出産を控えていたり、恋人と喧嘩したり、不倫中だったりとそれぞれだ。

そもそも結婚ってどこに起こるものなんだろう、婚姻届の中か、親戚の集まる食卓の上か、だれかと誰かの胸の中なのか、それもそれぞればらばらとありそうだ。考えてみてもよくわからない。一度でも結婚したらわかるだろうか。

連休中に私の魔窟を片付けた。本やら展覧会のチラシやら昔の台本やらいろんな紙束が地層を作り、ひっちゃかめっちゃかになった奥から、縦型の白い封筒をぱんぱんに膨らませた、果たし状みたいな古いラブレターが出てきた。その手紙は、札束なら一月以上は余裕をもって暮らせそうなくらいの厚さだった。

それを書いてくれた人はその時、私と結婚をしたがっていたはずだし、ずっとそばにいたいと言っていたような気もする。2通目にもらった手紙はたしかその半分くらいの厚さになっていて、3通目は書かれなかった。

私もいつか誰かに手紙を書いたり、もらったりするんだろうか。

『夫婦ってなんだ？』トミヤマユキコ

「みんなの結婚、みんなどこか不自由だ。

ある夫婦は古典的とも言えるような夫婦愛を手に入れ、またある夫婦は一歩先行く夫婦像を模索する。で、バンドマンと結婚した大学教員兼ライターのわたしは、そもそも『夫婦として』という構え自体がめんどくさい。夫婦ってなんだ？　なんなんだ？　いまはまだわからない。わからないから、調べて、学んで、書いていく。」（15、16頁）

『夫婦ってなんだ？』は、フィクション・現実のさまざまな夫婦を観察・考察しながら、タイトルの問いへ闊達な足取りで注意深く迫る1冊。この本で触れられる夫婦像の多様さと同じだけ、いやそれ以上に不自由も自由もあるのだ。

いまのところ私は早く結婚するぞとも、一生しないぞとも言い切れずだし、結婚制度の周辺にあるさまざまな問題も気になる。正直なところ結婚についてものを言うには、なんというか自信がない。自信があれば何を言ってもいいのではないし、自信がなくとも言ったほうがいいことはたくさんあるけれど、わからないことが多すぎる。

ただ、自信がなくとも面白い本なら読める。何もわからないから考えもつかない状態から、ほんの少しだけ、考えを持ってみようというところへ進める。

読んでしみじみ思うのは、二人の前に「ひとりの人として自立する」重要さだ。私にとって「ひとり」の大人として自立するのは、いまだになかなか大きな課題だけれど、わからないことも出来るだけすっ飛ばさずにやっていきたい。

逃げられない算数の話

見切り発車のフリーランス生活が始まって、2ヶ月が経った。

仕事の内容自体は会社にいたときと大きく変わらないけれど、仕事の受注やスケジュール管理をはじめ、一つひとつを自力でさばいていくのは何一つ簡単じゃない。前のマネージャーさんが働いているであろう都心に向かって拝む。超ありがたかった。

吹けば飛ぶような生活の中で、さっそく壁になっているのが「算数」だ。

私は筋金入りの算数ぎらいだ。小学生の頃は「算数をやりたくない」という理由で不登校になりかけたし、九九が全部言えるようになったのも6年生になってからだった。

今でも買い物や割り勘の計算を前にすると緊張が走る。

中学に上がってからの数学は言うまでもなく、赤点補講のレギュラーメンバーだった。高校は出来る限り数字に触れずに済むよう、2年生から文系科目だけを選べる学校に入った。

人生最後の補講は今でも思い出せる。

高校1年の夏の日、私は人のいない教室で目の前に数Iの問題を置かれていた。一生懸命に考えて、ごくごく真面目に取り組んでいるのに全然丸をつけてもらえない。泣きたくなるような怒鳴りたくなるような、もはや憎しみに近いような気持ちになっていた。

記号と数字を目の前にして脂汗と涙がどんどん吹き出してくる。喉がぎゅうっと締まって熱くて鈍く痛い。頭がぼうっとしてくる。サッカー部の練習の声と土煙が遠ざかる。あまりに出来が悪すぎて、先生が慰めに野菜ジュースをくれた。

どんな問題を解かされていたのかはまったく覚えていないけれど、今でもエクセルを見るだけで同じ気持ちがよみがえる。

算数は私に悪いことなんかなんにもしていない、むしろ世界のたくさんのことを算数が助けてくれている。この文章だってどれくらい書いたのか教えてくれるのは数字だし、あと何分で家を出る必要があるか見せてくれる時計も算数の世界からやってきた。

私は算数に助けられながら、それを解くことは出来ない。それだけなのに、一方的に憎まれる算数があまりに不憫だ。

小学1年生の頃、私の世界に算数がやってきて数ヶ月経った梅雨時の教室で、私はじっとしていた。「4－3」の式を見るだけでもう、悲しかった。「ひく」が悲しい。

唐突にいなくなってしまった3という数字。4の後ろに横棒一本置かれただけで、急にどこへ行ってしまったんだろう。4だったときには、4は4という自分が好きだったかもしれない。けれど3も引かれてしまったらずいぶん色んなことが変わってしまうと思う。

どうしてそんなことする必要があるのだろう。その後の暮らしぶりも心配だし、たとえばそれが家族の数だったりすればかなりのおおごとなのではないか。それにしたって残りは1だ。

1からのスタート、1は元どおりの4になれるだろうか。

引かれた数はさっきまでいた問題用紙から急に消えてしまった。3はもしかしたら引かれた数の世界で1と1と1として、バラバラになっているかもしれない。引かれた数の世界はどんなところなんだろう。見えたのはなんとなく青く暗く、重苦しくだだっ広い地下室のような場所だった。みんな元気でやっているんだろうか、4だった1はいまどんな気持ちなんだろうか。そこまでのことは「4－3」から読み取れない。

そしてこれが「26－18」なんかになると悲しさの度合いも増し、手足の指を総動員しても数えることさえ出来ず、たしかな悲劇だった。

もうこれ以上、算数ドリルと引き算は、数から数を奪わないでほしい。私の算数では足し算こそが仲良しの象徴であり、正義だった。

どんな数字も幸せでいてほしいし、笑っていてほしい。私は数字に目鼻や手足を描いた。数字はただの記号ではなく、感情のある生き物や妖精に近いものだったからだ。6や8や9などは、目鼻が描きやすかったから特に好きだった。私の数字はいつもノートや計算問題のうえで笑っていた。授業にはまったくついていけなくなった。

引き算で悲しんでいた私に「20年後のあなたは算数をやらないとお金がもらえない。それどころかあなたの通帳は引き算され続けてほとんどゼロだ。しかも手足の指を総動員しても解けないくらい大きな数の計算から逃れられない」と言ったらどんな顔をするだろうか。

「お腹が痛いから学校を休む」と言うだろう。しかし、今の私には休める学校なんかない。どこへも逃げられないのだ。フリーランスの算数は両手足の指だけで数えられないばかりか生活に直結する。

どんなお仕事にもたいてい金銭的な交渉が生まれる。自力の交渉はいつもすこし気まずい。フリーランスになってすぐ、出演料の直接交渉があった。渋谷のセルリアンホテルのカフェで「石山さんはおいくらくらい欲しいですか?」と言われたので、「100万円欲しいです」と言った。もちろんもらえなかった。

その後、相手から「出役の人がお金の話をすると、いい人に見えない」と言われた。いい人に見えないし、100万円もらえないが、やっていかないと暮らせないのである。その気まずさを乗り越えて、日々の生活費や各種条件などなどを先方とすり合わせたうえでお仕事をしても、まだ口座に新しい数字はやってこない。

なんと言っても請求書だ。数と線だけのエクセルを使ってぽちぽちぽちぽち書かないと、働いたお金は一生口座に入らないなんて、嘘だろう? と思う。頭のなかで忌野清志郎が「明日なき世界」を歌っている。

「世界が破滅するなんて嘘だろう?(嘘だろう?)」マジで。あー信じられない。

請求書を送らないと一生飢え続けて体重がばかすか減って私自身が消えてしまう。逃げられない、でもやだ。算数やだ。マジでやだ。引き算に感じた深い悲しみは、20年後の通帳口座にあらわれるたくさんの引き算を予言していたのかもしれない。あー。

『自立する子どもになろう』マリリン・バーンズ

アメリカの著名な数学の教育者が、小学校中学年くらいの子どもに向けて「自立した子ども」として社会を生きていくにはどうすればいいかを丁寧に説いた1冊。

1985年に日本で翻訳版が出版された本だけあって古さの目立つ箇所も多いが、子どもとして経済やメディアとどう向き合い、どのような視点からものを見て考えるのかに対するヒントが詰まっている。また、レトロな挿絵がかわいく見えたりダサく見えたり、古い本ならではの魅力がある。

これを読んだのは25歳を過ぎてからだったけれど、大人になってから読んでも発見の多い本だった。もし子どもの頃に「別冊宝島」や「週刊SPA!」の「バカサイ」(「バカはサイレンで泣く」)ではなくてこの本を熱心に読んでいたら、もうすこし自立した大人になれていたかもしれない。

真夏の内見ツアー

この夏のほとんど、日が落ちるまできる限りは家でじっとしていた。早朝、日の明るさと室温の上昇で一度もさもさと起きて、トイレへ行き、台所で水を飲んでから二度寝する。

午前9時、めちゃくちゃ声の通る宅配便のおじさんに起こされる。小柄で中肉中背のおじさんは、眉が濃くて目がぱっちりしていてよく日に焼けている。インターホンなしでもドア越しに聞こえる声で「宅配便でーす!!」と言って2リットルのペットボトルが6本入った段ボールや、缶ビールが24缶入った箱などを片手でほいっと渡してくる。

私は起き抜けノーブラのまま、胸の高さで12キロの段ボールを受け取り、靴の散乱したたたきから玄関へ箱をスライドさせてベッドへもぐり直す。

TBSラジオ「ジェーン・スー 生活は踊る」が始まるまでには起きて、スーさんの声を聞きながら、ベランダの室外機の上に鎮座しているレモンとガジュマルの植木に水やりをする。水やりのついでに自分の顔にも霧吹きで水をかける。

開けた窓からなだれ込んだ熱気で、コインランドリーを思い出した。日焼けをしたくないので一瞬で窓と遮光カーテンを閉める。それから日が落ちるまで薄明るい部屋の中で本を読んだりメールの返事を送ったり、アイスを食べたり家事をしたりして過ごす。この部屋は玄関から通りに面した窓のほうまでがたがたと物に囲まれていて、端から端までまっすぐ突っ切ることができない。

この部屋では毎晩かならず同じ女の人の笑い声がする。私のではない。

23時とか22時とか、もっと夜遅いこともあるけれどいつも同じ「アッハッハッハッハ!!」という驚くほど元気な笑い声が窓の外のどこかからか聞こえてくる。

隣の家からだろうかと思っていたけれど、実はそうではないらしい。隣ではないにしてもあまりに近い声だが、どこからというのが曖昧な聞こえ方をしている。よくよく考えると、近所を歩いているときにその声と遭遇したことはなかった。家にいるときにしか聞いたことがないんじゃないか。

これは、誰の笑い声なんだろう。考えるほど不思議なことは多いけれど、いつもあまりに快活な笑いなので「こんなに楽しいならいいか」と思うようになった。もし次の家でも同じ笑い声が聞こえてきてしまったら、いよいよ不気味だ。

その日の内見の1軒目は優等生的な部屋だった。水回りも建て具もきれいで、立地は便利だし、環境もいい、相場に対して家賃は安いが事故物件というわけでもないという。目線の高さで電線を見られる電線ビューの窓以外、別段面白みのないきちんとした部屋だった。

それから世田谷くんだりまで行って川沿いの古いマンションを見たり、冷やし中華を食べてから赤羽の物件を見に行ったり、一日移動し続けた。

真夏の内見ツアーから帰る頃には全身が重く、もし立ち止まったらもう二度と帰れないような気がしたのでゆっくり、止まらないように足を引きずった。

夕方、疲れ果てて入ったジョナサンでビールを飲んだ。なにかを判断しようとすると、決まってても決められなくともぐったりする。

その場で電話をして、午前中に見た優等生の部屋を借りることに決めた。どこがいいとか何が悪いとかもうそういうことより、大きな悪いところがなければとっとと決めてしまいたかった。へとへとのハッピーアワーだったので、もう一杯飲んでから席を立った。

審査書類として免許証を求められたけれど、免許を持っていないのでとりあえず保険証を出す。クラブへいくときにはパスポートを持っていく。成人して6年、私はついにお家賃を払う人間になる。

お家賃が要るってことは毎月決まった額以上を稼がないと、住むところがなくなってしまうということで、死んではいないけどお金はぜんぜん有り余らないくらいの働き方をしているので、またしてもバイトの必要性が浮上してきた。うわあ。

しなくとも凌げるといえば凌げるかもしれない。けれどこれまでのように好きな本を買ったり、気ままにとんかつを食べたりするのは困難になりそうだ。消費税も上がることだし、いつ仕事がなくなるかもわからないし、していたほうが安心だ。ずっと人の稼ぎに甘えた生活だった、もうおわりなのか、ああ。働かなくちゃ。

2019年の日本では息をするだけでお金がかかることを知ってはいたけれど、穀つぶしの私はそのことをできるだけ見ないようにしていた。しかし、この夏、お家賃がいま目の前にはっきりと見える、黒々としたゴシック体で。

大学生活は「人生最後の夏休み」だなんていう話も聞いたことがあるけれど、卒業して5年でまた夏休みみたいな日々を過ごしていた。秋からはもう、大きな声の「宅配便でーす」を聞けない代わりに、なにかしら働きに出ないとならない。あのおじさんが届けてくれたビールもいま冷蔵庫で冷やしている4本でおしまい。

穀つぶし、最後の夏をかみしめている。

『お家賃ですけど』能町みね子

部屋を決めた帰り、本屋に寄り道したらぴったりな本を見つけた。

牛込神楽坂にぽつんと佇む「加寿子荘」で暮らす主人公は、昼はオーエルとして会社勤めをし、夕方からはお師匠さんのところでバイトをしている。

「加寿子荘2階奥」の部屋は築40年・六畳一間・風呂はバランス釜で昭和の下宿のような物件だ。主人公はアパートで隣り合う住民たちの暮らしに小さな謎と興味をふくらませながら、つつましく、ほの明るく、ときに漠とした不安を抱えながら生きている。

ページを捲る度、ああいつか、こういうアパートに住んでみたいなあとうっとりするのだが、私はそういうことを口で言ってるだけで、ずっと優等生的な家に住んでしまうような気もしている。

「27歳までに死ぬ」と口にしながらその年齢を迎えた主人公の、どことなく所在ない暮らしは自分にも重なる部分があった。しかし働いてお家賃を納めている彼女と私はもう全然違うようにも思う。

在宅ギャル

春、数ヶ月先の仕事がウイルスの影響で無くなった。これ以上落ち込まないよう、薄い爪をジェルネイルで盛り盛りにした。天然石と透明のアクリルがいびつに盛られた10枚のかわいい鎧である。爪を指の腹で撫でる度、アクリルの硬さに「おお」と思う。

これまでなんとなく「いい爪」というのは、血色がほんのり浮いた桜色の爪のことだと思っていたし、ギャルっぽく盛った爪は私が選び取れる選択肢の中には無かった。清楚で正統派の爪は心地いいけれど、見るだけでわっと楽しくなることもない。

「清楚な爪」みたいな桜色の髪をしたネイリストさんに、1時間半くらい手を預けていたら、手から先だけがギャルに変貌した。新宿三丁目にあるネイルサロンで、映画『her』のポスター画像を見せ「この色を使ってください」とオーダーした。カラージェルを混ぜて作ってもらったピンク、オレンジ、シルバーと水色を見ていると、カレン・オーの歌う『The Moon Song』が私にだけ聴こえる。

私の髪は相変わらず「清楚な」黒髪で、服も化粧も地味だ。爪だけがカラフルなのは自分で見ても異様でわくわくした。自分の裁量で容姿をいじるのはこんなに楽しいのかと、髪を切ったり服を選んだりする度に思う。

ジェルネイルをしていると、自分の皮膚を掻かずに済むのも嬉しい。

子供の頃からアトピー持ちなので、体温が上がると痒くなり、何かにかぶれると痒くなり、何もしなくとも痒い。痒いから掻くのだが、掻けば掻くほど痒くなるし、皮膚を掻き壊すと血が滲んでくる。どう考えてもバグだ。

ジェルで分厚く覆われた爪は皮膚を掻けない。それでも痒い時はそのゴテゴテしたジェルで皮膚を擦ってしまうが、血が滲むまで掻かずに済む。缶ビールのプルトップを開けるのに勇気とコツが要るが、二日で慣れてどうとでもなる。

あれからすっかり爪は伸びて、残っているのは右手の薬指に引っ付いたままの四角いシルバーのアクリルパーツだけだ。それは5ミリの厚みがあり、透明のジェルでコーティングされ、表面は波うっている。

怒りやもどかしさを感じたときに左薬指のアクリルをグッと撫でると、いつもただ硬い。他の爪は薬局で買ったアセトンの除光液を使って自分でオフした。

除光液でジェルを溶かしてから慎重に削ったつもりが、自爪まで一緒に剝がしてしまったので、今の爪はところどころがえぐれて薄くなっている。皮膚を掻くと、皮膚も爪もどちらもすこし削れてより貧相になった。

家を出ない日々の中、芽生え始めたギャルの魂が途絶えそうで、一昨年買ったカラコンを着けた。黒目より一回り大きな虹彩が印刷されたレンズは、着けるだけで画像加工したみたいな目に見える。

ハイライトとシェーディングを入れ、涙袋を描き、顔にラメを塗り、古着の真っ赤なスウェットを着て、伸びかけの髪をおさげに結んだ。気分が乗ってきたのでちふれの口紅をオーバーリップに塗る。大きく口を開けると銀歯が見えてなんだかかっこいい。洗面台でちぐはぐな在宅ギャルが爆誕した。

私はギャルになれる同級生がずっとどこか羨ましかった。外へ出る勇気も用事もないけれど、在宅ギャルなら私にもなれる。

誰の為でもなく、自分の為にめかすのは楽しい。アプリを使って手っ取り早く、見慣れた私ではない誰かに変貌するのは楽しい。すっかり変わった姿なら、自分の顔をアップするのも嫌じゃない。

私は、ルッキズムの根深い社会に長く触れ続けている。

ルッキズムなんかくそくらえ、と思う私自身にも偏見があり、後ろめたいことがいくつもある。なんというか、偏見に向かって吐いた唾で自分の色眼鏡を拭いているみたいだ。どうにかこうにか、マシな目で人と会えるようになりたい。

SNSを見ると、ステイホーム中により良い自分になっちゃおうと奮起する人がたくさんいるんだなと思う。

「自粛」が「要請」されているこの期間中に、強くなったり痩せたりする気は今のところあまり起こらない。座敷犬みたいにのんびり食べて寝て、散歩の代わりに本を読んだりギャルメイクをしたりするだけだ。弱い私が弱いままで暮らせない社会なんて嫌だ。

毛の話

手脚の産毛に初めてカミソリを当てたのは、小学生の頃だった。

芸能事務所に入り子役の仕事を始めて、人からどう見られるか、自分は人にどう見られたいかを子供なりに考え始めた。

母の使っていた安全カミソリを使い、浴室でそっそっそっと毛を剃った。細い毛がカミソリの刃の間で埃のように溜まるのをカランの湯で流し、毛の流れに逆らいながら剃刀を当てた。

剃ったばかりの腕や脚はリカちゃん人形のようにつるつると水を弾き、うっかり剃り残した部分には薄くぽわぽわとした毛があり、その部分だけ埃が乗っているようだった。

生まれてからたった10年の人間でも「女性の手脚はつるつるであれ」というルールは面と向かって誰かに言われなくとも知っていた。私は自分の身体について検討する前に、ティーン誌の2色刷りページが耳打ちする理由を素直にのんで「男子が喜ぶ」とか「肌がつるつるしているとおしゃれ」とかいう、もっともらしく理由のない理由に対し、疑問より先にカミソリを持っていた。

初めて眉を抜いたのも、同じ頃だった。

芸能活動のためのプロフィール写真を撮影することになり、一度も手を入れたことのない眉を毛抜きで整えてもらうことになった。

まぶたの周りの皮膚は薄く、子供の眉毛はしっかり生えている。毛抜きを使って、眉を一本一本抜くのは、プロのヘアメイクさんが丁寧にやってくれてもけっこう痛い。先に撮影している友達のストロボの音やヘアスプレーの香りで気持ちはぱんぱんに膨らんでいるので痛いことはちっとも悲しくない、ただただ、毛を抜くたびに涙がボロボロ出てきた。

その後、自分で前髪を切ったときあまりに短くなってしまい、マネージャーさんから「自分で前髪を切らないでください」とのお達しが出てからは、前髪も眉も自分で触らないことにした。

中学に上がり、面と向かって「石山、脚の毛剃らないの?」と指摘してきたのは中学校で初めて同じ学区になって知り合ったバスケ部のKくんだった。彼には高校生のおしゃれな姉がいるそうで、その姉はしっかりと体毛を処理しているのになぜあなたはそうしていないのか、というようなことを言われた。

「何でそんなことお前に言われなきゃいけないんだ」と思って、内心驚いた。でも口には出すほどじゃないかな、と思って何と返事をしたか忘れてしまうような返事をした気がする。

私は子どもの頃から今もずっと、肌が弱く乾燥しやすい。それもあり、撮影のある時以外はあまりしっかりと体毛の処理をしなくていいかと思っていたので、その日は半袖から出る腕や、体育座りで抱えた両脚に「そそそ」っとうぶ毛が生えていた。

彼がしてきたその指摘は彼なりの気遣いだったのかもしれない。

私は、忘れっぽくて執念深い。中学の頃の同級生の名前はほとんど忘れてしまっていても、言われて引っかかったことは何度も何度も思い出し、執念深さに磨きをかけている。嫌だったことを繰り返し思い出し、考え、落ち込み、さらに嫌な気分になるという一連は10年以上続けたライフワークの一つだ。

先日、久々にテレビ番組に出た後、インスタグラムであのKくんから連絡が来た。「石山久しぶり！　応援してるよ」みたいな感じの連絡だ。ありがたい。久々すぎて、もはやあまり懐かしい感じもしないけれど嬉しい。

Kくんの投稿を見ると、年相応に老けた同級生たちが、居酒屋でジョッキ片手に記念撮影をしている写真が何枚も公開されていた。赤らんだ顔を見て、居酒屋のむっとした匂いとベタつく床を思い出した。

水族館で暗がりの廊下に並ぶ小さな水槽を覗くみたいな、少し意地の悪い興味でKくんのことをフォローしたら、彼はちょこちょことストーリー動画を上げていた。

ある日Kくんが「俺、ヒゲ伸ばそうか迷ってるんだけど、〈伸ばしたほうがいいと思う?〉」といって自撮りとともに友人に向けたアンケートを取っていた。まさか、頭数には意識されていないだろう人間としてでも、彼から体毛の話をされるとは思わなかった。

私は、どちらにも投票しなかった。

だって、人の毛に興味が持てないから。

それが同級生であっても、テレビの中の人のことであっても、体毛に関してはその人自身が好きにすればよく、剃りたければ剃ればいいし、脱毛したいのであればすればよく、伸ばしたければ伸ばせばよく、どうでもよい。私は体毛に関しても、ビールと一緒にポテサラを食べるか、漬物を食べるか、唐揚げを食べるかのように、時々の気分で決めたい。

テレビに出てから数日経った頃、白髪というアカウントからインスタグラムのダイレクトメールに突如「もしかして、わき毛生やしているんですか?」というメッセージが来た。見知らぬ人間が、電線のことを語る女の体毛に目をつけている。しかも名前まで白髪ときた。怖い。すぐブロックした。

それから数日後、ツイッターでエゴサーチをしたら私がテレビの映像の中で笑って腕を上げた瞬間のキャプチャが出ていた。しかも、脇のところだけを虫眼鏡のようにアップにされ、わざわざ明度を上げ、脇が見やすくなっている。というか私から脇だけが切り取られている。人間の客体化もここまで来るとわかりやすいし、度を越している。

そもそも、女が体毛に手を入れなかっただけのことで他者から言及される社会は狂っている。

テレビで電線の話をする女の脇を見て、わざわざアップにし、画像を明るくした上で、gif 動画にして、ツイッターにアップロードする。そんなことをする前にまず、私はもっと電線を見て欲しい。

私の脇を勝手に切り取ってアップしたアカウントは、さまざまな女性芸能人の脇のキャプチャ画像を延々とアップして、「脇汗が染みていて恥ずかしい」みたいな感想を添えていた。

言うまでもなく恥ずかしいのは女性の脇汗や脇毛ではなく、他者の身体や生理現象を上から目線で勝手にジャッジし、鑑賞し、収集し、（そこまでは個人の趣味の範疇だったとしても）許可もなくインターネットにアップロードして「恥ずかしい」とレッテルを貼る人間だ。

百歩譲っても、自分の中だけで完結して欲しい。名前と一緒に人の写真をウェブに上げたら本人に伝わるのを知らないのだろうか。もしも知らないのであれば即刻アカウントを消してリテラシーを学び直して欲しいし、知っててやっているのであれば許せない。テレビの一部分を勝手に切り取りアップロードするのは著作権の侵害にも当たる。

以前、仕事でご一緒した同世代の男性に、「女性ばかりが毛を処理しなきゃいけない理由がよくわからないから、脇毛を育ててみてるんだよね」というような話をしたら、意味がない、あなたは性別に囚われすぎだと言われた。

私の毛の意味、意味って。これは私が私の脇毛をどう思うかを探りたくてやっている実験だ。体毛を処理せずとも指摘されないあなたから見て意味があるかどうかおうかがいした訳じゃないのに。

まだ芸能事務所にいた頃に、ふと「体毛を育てたらどんな感じになるのだろう」と思った。物心ついた頃からカミソリを使い続けてきたから（と言ってもズボラなので気にしていないことも多かったけど）、自分の体毛のポテンシャル自体あまりよく知らなかったのだ。それからは体毛を剃るか剃らないかについてもう少し考え続けようと思い、ときに毛を剃り、ときに放っておき、もう2年くらいは毛を放牧している。

何年か前にあるインタビューで「毛をそのままにしている」という話をしたら、マネージャーさんに注意を受け、その部分はカットになった。理由としては「体毛を処理するのはマナーだから」とのことだった。

女性として暮らす私の毛は、剃って見えなくなる以外の状態だと、会ったこともない人間から恥ずかしいものとして指摘されたり、意味のないことだと言われたり、マナーがなっていないのだと言われる。私が女性でなければというか、毛について指摘してきた男性たちともし同性ならば、私の毛は見えていても見えていなくても誰かからジャッジされなかったんじゃないか。そう思うと、毛も私もなんだか不憫だ。

体毛を意識的に育てはじめてから、腕に当たる風が毛によってなんとなく柔らかくなった気がする。体を覆う毛を夕日に透かしてみると、ふわふわと同じ方向にならんだ毛が金色の麦畑のように見えて面白い。

それから私は、友達も女友達の脇毛はあまり見たことがないのではないかと思い、一時期は会う友達会う友達に脇毛の進捗を見せていた。ときに飲み屋の隅で、ときに夏のディズニーシーで。友達からなら、思い思いの感想をもらうのも面白い。

脇毛を伸ばすのはちょっと楽しい。

母が私を産み、子育てを始めた25歳を過ぎ、私は毛育てをはじめた。自分の体毛のポテンシャルもまあこんなものかなとわかってきた夏、服選びに悩むようになった。女性の夏服はノースリーブのものが多いのだ。

Tシャツの時はそこまで気にしないでいられるけれど、ノースリーブではあまりに両脇が無防備だ。ネット越しに恐ろしい視線を感じてからは、やはりノーガードで出かけるのは危険があるのだろうかと思った。危険なのは毛ではなく、おかしな目で他人を見る人の方なのに。

今年の夏、綺麗な芍薬の刺繍が入ったノースリーブのトップスを買った。どうしても着たかったけれど、ノーガードで着る勇気が出なかったのでカーディガンを羽織って出かけた。

女子力のなさを反省しません

夏の日の午後、50メートルのケーブルを巻きながら、Cさんは何年経っても全然変わらないなあと思った。

テレビ番組の「禊《みそぎ》」として課されたケーブル巻きは、不器用な私にぴったりだった。プロは何ということもなく、あっという間にケーブルを巻き取ってしまうけれど、これはまったくもって簡単じゃない。リビングで黙々とケーブルを巻き、よりを取り、また伸ばしを繰り返しているうちに、ちょっと飽きた。

私は頑張っているところを積極的に見てもらい、褒めてもらうのが好きだ。誰かに見てもらって、なんなら「がんばれー」とか「すごい」と言ってもらえる方が頑張れる。せっかく頑張っているので、配信して見てもらうことにした。何年か前に仕事でお世話になったスタッフのCさんが、番組のアカウントから「苦学生感が増してない???」「(笑)」というコメントをくれた。

その日は黒のTシャツに下は白ジーンズでメガネ・すっぴんという格好だった。いつも通りの楽な服装、言われてみるとたしかに苦学生っぽい。

Cさんは、一緒に仕事をしていた頃、私の趣味が女子っぽくないとか、料理ができないとかいうような「女子力」のなさをよくいじってきた。

一緒に働きはじめた20代前半の頃は、振ってもらった「女子力の無い女子」というキャラクターを全うすべく、マニキュアを塗っていないだの、料理ができないだの、そんな感じのことを自虐めかして披露していた。

私が料理をできるかどうかや、家事やメイクに興味あるかどうかに、ジェンダーは関係ない。マニキュアを塗るかどうかも、当人以外の人間が女子かどうかで決めることじゃない。でも、その時はどれも「女子のもの」だと思い込んでいたのだ。

電線については女子っぽくないのなら、男子っぽいかと聞かれてもピンと来ないところだけれど、本当はどんな趣味も男女で割り振らなくて良かった。

ただただ、そのときの私自身が興味を持っていなかったからというだけである。できることなら何事も、女子らしさではなく、私らしさで語りたかった。でも、話術のない私は、自分のことでさえ自分の言葉で話せなかった。

駆け出しの若い女性タレントという役割に当てはまるようにしながら仕事をしている時は、一つ一つのトピックや発言を手で拾って検討して話したり、自分がどう思うか考えてみるよりも「女子らしい女子」や「女子力のない女子」など、すでにある定型文に沿ってクイックに振る舞い、話す方がスムーズに運んだ。何よりその方が、話し下手な私でも面白い話をしているような雰囲気を作りやすかった。

だから私はフリートークのコーナーでは気持ちを込めて「女子力ないですー」と言い、自分の女子力のなさそうなところを頑張って探した。本当は、女子力の有無には落ち込んだり困ったりもしてないし、反省もしていなかった。

話術のある他の出演者が、雰囲気だけで身も骨もない、まとめ記事のような私の話を一生懸命にそれらしく、面白っぽく作ってくれていたので、Cさんも何となく「石山さんには女子力ネタを振れば安心だ」と思ったのだろう。

これは私の想像でしかないけれど、Cさんは、仕事上興味を持たなくてはいけない相手（私）に対して、どこが相手の個性なのか今一つピンと来ないから探りたいという意味で

「女子力」ネタを振ったのかもしれない。

もしくは「女子力のない」（＝料理ができない、ファッションや美容に疎い、振る舞いががさつ辺りの意味なのかと思う）キャラクターとしてしか、私とはコミュニケーションを取れない、あるいはその「女子力のなさ」こそが私の「面白さ」だと判断したのだろう。むしろCさんにとって、「女子力」というフィルター無しに私に話をさせるのは難しいと感じていたのかもしれない。

たしかに私は、テンポの良いトークをするには圧倒的に力が足りない。私のように気合を入れても話がしどろもどろになる人をタレントとして扱うのは、骨の折れることだ。

そのまま数年が経ち、「このくだり、全然面白くなくね？」と思うようになった。

料理のスキルも化粧への興味もあってもいいし、なければないだ。それだけである。どちらにせよ、本人以外が決めることじゃないのだけは明らかだ。

相変わらず話術は向上していなかったけれど、繰り返すやりとりのつまらなさと窮屈さの方が勝った。

ある日「女子力って言葉はもう古いと思いますよ」と、Cさんの前で言ってみた。Cさんに直接言わなかったのは、私は他の出演者と横並びでカメラの前にいて、Cさんはカメラを回していたからだ。

料理をするかどうかについては、同席していた男性の出演者に「○○さんは料理をしますか?」と聞いたけれど、答えは私と同じ「しない」だった。

同じ回答をしているのに一方だけが「女子力」という謎の力によって槍玉にあげられるのはおかしくない? と思って男性出演者にも聞いてみたのだけれど、話の下手な私の話はすぐしどろもどろになるので、テンポよく3分程度で完結するトークショーの中に三行分の問いを投げるのは無理だった。

それでもまだ「女子力が無い(笑)キャラ」としての振る舞いだと思われたのか、私の発言自体にさほど興味を持って聞いていなかったからなのか、忘れた頃に「その後、蓮華ちゃんの女子力は上がりましたか?」という話がCさんの渡すカンペによって得意げに振られた。いかにも「面白いっしょ?」というように。

女子力の話題が来るとげんなりした顔をする私を見て、別の女性出演者がその手の話題を振らないよう気遣ってくれるようになった。

おもちゃ売り場のリカちゃん人形のように、おめかししてひな壇に横並びする。仕事のために「明るい」「元気」「素直」を土台として、コンサバティブなファッションに揃え、声を高くして、明るく元気に振舞っていると周りの人から「垢抜けた」「華やかになった」「女子らしくなった」と言われ、自分でもたしかにそうだとも思った。「キラキラした」自分も悪くはない。ただ、続けているうちに、普段の自分はどんな手触りの人間かわからなくなる時があった。

そもそも「私服が苦学生」という言葉はこちらが言い出した自虐だ。ある時、前にいた会社のマネージャーさんから「蓮華はいつもヒールじゃなくてズックを履いている。私服がいつも苦学生っぽい」と指摘され、ちょっと面白いなと思った。そこで、番組のプロフィールを作るためのアンケートで「今後の私はこうなっていたい」という設問への回答に「私服が苦学生のようだと言われるので、華やかさを身に付けたい」と書いた。

10代の頃からスカート丈はロングか膝下、バッグはリュックサック、靴はスニーカーが基本だった。楽だったからだ。洋服を見るのは好きだったけれど、そこまでファッションに傾倒することもなく、従姉妹からもらったお下がりや古着なんかをよく着ていた。オーディションの時に着る清潔感のある白いワンピースは、面接のために着るスーツのようなものだった。

若い女性タレントによく求められることのうちの一つに「清純さ」がある。世の中の汚れに染まらない清らかさ、記号的な少女らしさだ。年齢的にも少女だった頃から、対外的な少女らしさを大切にしてきた私は、20歳を過ぎても自分がしたいメイクもファッションもよくわからなかった。

若い女性は少女的なイメージを守り続けて過ごせという、この感じって何なんだろう。体毛が認められないとか、濃い化粧は嫌われるけれど、すっぴんでいると「苦学生」だって言われることとか。大人っぽくとか若々しくとか、こまごまと相反することを言われている。女に生まれたから少女で居続けなくてはいけないとしたら、いつ頃からただの人間になってもいいのだろう？

ヨレの出たケーブルをまっすぐに直しながら、「人の見た目について触れるのって案外難しいですよね……見た目が大事な業界で働いていても、難しいなと思います……アハハ……」と精いっぱいの苦笑いを返した。それでももうちょっとイラッとしたので、ケーブルを巻きながらその話をだらだら続け、コメント欄で「なんか……ごめん（汗のマーク）」と言わせたあげく、こうやって書くくらいには根に持っている。

配信でごにょごにょと言い続けた話の返信についた「なんか」には、その人が意図しないところで私がやおらキレ始めたことへの動揺が詰まっている気がする。

きっと盛り上げたくてさらっと言ったことに対し、こんなに根に持たれちゃうんじゃや、せっかくインスタライブを見てくれたのにあんまりだよなと思いながら、私は書いている。

番組を離れてしばらく経ち、他に共通の話題がないいま、「他愛のないコミュニケーション」のきっかけとして懐かしのネタを振り、場を盛り上げようとしてくれたのだろう。

私が「えー、そんなことないですよ（笑）」なのか「ひどいっす（笑）」なのか「えっ！毎日こんな感じですよ（笑）」などと返事をすれば、画面上でやんわりと面白いことを言っているように見えたのかもしれない。

でも、このまま笑って流せば私は1日中もやもやし続け、こう言えばよかったのかもしれないと何通りもの台詞を頭の中でシュミレートし続けてしまうだろう。

私は数年前から、笑いたい時以外に笑うことを意識的にやめている。何でも明るく素直に笑って流していると、私が何を考えているかが相手に伝わらないし、自分でも何をどう感じたのかわからなくなる時があって混乱するからだ。

あと、若い女性がにこにこと何でも受け入れていると、朝から夜まで仕事をする時でも、昼休憩が取られないことがあると知った。これはにこにこしていたから昼ごはんを食べられなくなったのではないのかもしれないけれど、いつも笑顔でいるといいようにされてしまうこともあるものだなと思った。

見せ物としてCさんと出会った私は、いつまで見せ物として扱われなくちゃならないのだろうか？　家の中でボーッとしている時も、オンラインにするのなら、見せ物として完璧でいなくちゃいけなかったのか？

これからも、ねちっこく考え続けたい。

名前の話

今日、28歳になった。私は今けっこう、いやかなり、結婚にとらわれている。

まあきっと、多分、なんとなく今の相手とは結婚するのだろうなと思って付き合ったのちに別れることを繰り返してきた。

今回もそう思っている。多分、この人とは結婚するのだろう。今回は結婚するような気がする。気がするところから勢いをつけて、婚姻届を提出してしまえばそれでもう「結婚した人」になるのだけれど、婚姻届さえ出さなければ結婚した人にはならない。

同じ釜の飯を食おうとも、楽しいことに笑い合い、辛いときに励ましあったりしていても届出さえなければ結婚は成立しない。

婚姻届には「婚姻後の夫婦の氏」という欄があり、「夫の氏」「妻の氏」どちらかを選んでチェックを入れることになる。入れても入れなくともいいものではなく、今のところ日本で結婚するには絶対に、どちらか一方を選ばなくちゃいけないのだ。

学生時代の友人や仕事仲間が結婚して披露宴に呼ばれる度に、楽しくなって、浮かれて帰ってくる。友人が楽しそうなのは嬉しいし、花嫁衣装はきれいだし、おめかししてご飯を食べるのもお酒をいっぱい飲むのも好きだ。

結婚した友人たちは、披露宴の数年後や人によっては数ヶ月後、親になっている。もちろん、子を持つかどうかは人によるけれど、今のところ周りでは新しい誕生日や新しいお祝いごとがどんどん発生している。

インスタグラムのストーリーではほにゃほにゃの赤子がぐんぐんと幼児になっていく様が日々更新されて、私は会ったことのない子供の成長を親戚でも無いのに楽しみにしている。

山手線に乗ると結婚情報誌の広告が目に入る。結婚は最高とも言い切れない現在、もはやなにを言ったらいいかよくわからないけれど、結婚には絶対触れなくちゃという葛藤の見えるコピーと幸福そうな男女の写真が載っている。

昨年末、仕事で一緒だった元同僚たちと話していて、はあー、なんか、結婚いいなーと思った。

私は、お金持ちという訳でも、仕事で大きな実績がある訳でもない。大きな不満もないが、キラキラした将来像も描けない。

芸能の仕事で若い頃から働き、20代半ばから後半に差し掛かると人によっては仕事が減ってくるか、仕事そのものに疲弊してくる。

「若手募集」のオーディションや、事務所に入るための募集でも、25歳か27歳くらいで年齢の足切りがあり、そこまでに実績を積んでこないとこの先はより厳しくなる。

私は10代の頃から事務所に入ったけれど、芸能人としての実績は微妙なところであった。元同僚が20代後半で手堅い仕事の人と結婚し、式を挙げ、主婦として楽しそうに暮らす話を聞き、はあ、結婚かーと思った。

人の結婚話を聞くのは楽しいけれど、自分があの高砂にいることや、白い衣装で会の主役になることを想像するとなんとなく、水の中にいるようにぼやけてところどころが混濁するような感じがする。

本題はその先の日々、これから長い時間を同じ人と暮らせるのかだろうけれど、よくわからない。死別するか離婚するまで誰かと暮らし続けることが普通ってことがなんだか不思議だし、それに伴い国に書類を書いて出さなくちゃいけないのも、わかっているけどどこか納得し切っていない。

考えれば考えるほど、どうして私は結婚したいのかがわからない。相手に何かあったときに連絡が来るとか、私に何かが起こったときにも相手に連絡が行くということはあるだろう。家を借りるときに説明しやすいとか、便利なこともあるかもしれない。

でも、それだけで結婚したいのだろうか。今のところ、パートナーとの生活で結婚していないから大きく困っていることは無いような気がする。若いからだろうか。今は気付いていないだけかもしれないけれど、生活の便利な解決策として結婚制度があるのだと言われても、本当にそうなのか？　というような、腑に落ちなさがある。

私はこれまで付き合ってきた人と、結婚せずに別れてきた。とても仲の良かった友達とだって絶交状態にあるし、相手が誰であっても時間とともに人の関係は変わっていく。「いつまでも変わらない」という言葉が本当なのは、言ったその時だけになりがちだ。それでも「ずっと一緒にいようね」という約束をするために結婚したいのだろうか。変わることを知った上で、嘘をつきたいくらいに私は寂しいのだろうか。私は寂しい。

でも、これは結婚によって解決するようなものでは無いだろうというのも、どこかで知っている。私は寂しいのが好きだから、死ぬまで寂しさを手放さないだろう。

結婚の中に刷り込まれた「ずっと一緒にいようね（そういたい）」という約束と願いそのものが嘘だ、と言い切れないくらいに何かがぼんやりしている。関係を維持するのは結婚ではなく、個々人の努力だ。離婚するのは面倒だろうけれど、マジで別れたくなったら別れた方がいいだろう。

私は疲れると「あー、結婚したいなー」と言いながら結婚指輪を検索するのが好きだ。ゼクシィのアプリは白とピンクがいっぱいで目に優しく、どの記事からも「幸せ！」の叫びが響き渡っている。現実から目を逸らしても白とピンクの世界は優しくふわふわキラキラと浮かれまくっている。「一生に一度」という言葉がスパイスになって欲望が縁取られ、ゼクシィが指し示す方向に向かってメルヘンが膨張する。

でも、本当は、結婚しなくてもペアリングは買える。結婚式や披露宴も、分解してみればパーティーだ。パーティーは、気合いがあれば開ける。親戚から「籍を入れないの？」と聞かれる可能性はあるが、親戚にとって私が結婚しているかどうかはそこまで大きな問題にはならないはずだし、ハネムーンは、旅行だ。休みがあれば、旅行なんて何度行っても良い。結婚に付随する（とゼクシィがささやく）キラキラした楽しみは、結婚しなくとも出来ることばかりなのだ。

「結婚しなくても幸せになれるこの時代に、私は、あなたと結婚したいのです」というのは、2017年のゼクシィのキャッチコピーだ。

パッケージされたイベント以外の結婚（手続きとその後の生活）で、何が大きいのだろうと考えると、どちらかが自分の名前を変えなくてはいけないという縛りだろうか。

どうして私は結婚したがっているのだろう。みんながそうしているから、私もしてみたいだけかもしれない。考えれば考えるほど、そう考えてそう決めることを刷り込まれている以外の理由が見当たらず、わからなくなる。

「年始の旅行でプロポーズしちゃおうかなあ」と言った。女子会は色めき立って、私自身もなんとなく楽しく、ヨッシャやったるでというゼクシィ的メルヘンを高めた。ぼんやりとした認識のまま、何もはっきりすることなく、なんとなく、結婚かあ……の気持ちでいても、人に言うとどんどんわくわくして、私の声には張りが出た。

2020年の頭、タイ旅行から帰ったタイミングで相手に結婚を持ちかけたところ「結婚する気はあるけど、まずは自分の分の家賃（しかも4万円）を毎月ちゃんと払えるようになった方がいいと思う」と言われた。私はたまに家賃を待ってもらい、立て替えてもらっていた。

ど正論だ。

先月、続報を待っていた女子会の仲間たちから「どうだった？」と聞かれ、先述の「まずは家賃を……」という話をしたらLINEグループがちょっと気まずい感じになった。

そのうち一人が「蓮華ちゃんはあまりお金のことを気にしなくてもいいんじゃない？　彼は自分に（私を養う）自信がないのかな？」と優しくフォローしてくれた。

このグループには仕事をバリバリやっている子も、仕事を離れて夫の収入のなかでやりくりし、子育てしている子もいるけれど、私のように一人で暮らせないのは私だけだ。どんな暮らし方もそれぞれだし、それぞれだけど、間違いなく一番お金のない私は肩身が狭くて、「早く自立するぞ〜」と言いつつ、何だかいたたまれない気持ちになってモニョモニョと言い淀んでしまった。

もちろん彼の自信の話ではなく、私自身の自立についての話だ。

友達からのリアクションにもごもごしたのは、今の私にみんな知っているような仕事がないことや、それを気にして生まれる居心地の悪さとか、いくつかの理由が私自身の頭の中でさえこんがらがっているからである。私は私を両目で見たくない。結婚のことを口にするときの私は特に自分のことが見えなくなる。

もし、私のジェンダーが男だったら、経済的に弱いことへの風当たりやいたたまれなさは別の形で感じるのだろうか。

あ、あ、あ。しっかりしていないとどうにもならない。でも、そんなにしっかりしたい訳でもない。

何度も言うけど、結婚制度そのものにすんなりと頷けていない。結婚したいって思っているのに。特に分からないのが同性婚ができないことと、夫婦別姓が認められていないことだ。

私の名前には「まんげ」の3文字が入っているけれど、今のパートナーと法律婚したら名前に「ちんげ」が入ることになる可能性が高い。どっちもどっちだけど、「まんげ」（妻の姓）と「ちんげ」（夫の姓）の二択ではこの国の9割の人が後者を選ぶ。すると名前に「まんげ」が混入している私は戸籍上から抹消される。

まんげもちんげも他の人から見ればあまり変わらない。あまり変わらないのであれば、自分のものと誰かのものを交換しても、あるいは自分のまんげだった場所にちんげを移植したとしても問題なく暮らせるのかもしれない。しかし元の、私のまんげは、まんげを持っていた私は世界からいなくなってしまう。

生まれ変わるんだと考えることもできるけれど、どうしてそう考える必要のあるルールが作られてきたのか、どうしてこの国ではいまだにそのルールが強いのかを考えると、頷けないどころか首を横に振りたくなる。

選択的夫婦別姓についての議論は起こってはいるが、いまだ法改正までは進んでいない。

このままだと、私と相手の間ではジャンケンで勝った方か負けた方が名前を変えることになるのだろうか。選べないのは日本で結婚する人たちだけなのに。

数年後、法律が変わって夫婦（や夫夫、婦婦など）となった人たちが一気に自分の名前を取り戻す。その時も、母親は田中、娘は飯田、孫は山田など、今と大して変わらない。何を変えないために自分の名前を変えなきゃいけないんだろう。

自由意志でのびのびとさせている私のまんげ。私の名前に混入したまんげ。みんなが呼んでくれたいしやまれんげ。ちんげに、なってしまうのだろうか。

キスを貸す

俳優業に足を突っ込んでから10年以上、恋愛ものの作品もキスシーンも縁遠かった。短編映画の撮影が始まる前、母に「初めてのキスシーンだよ〜」と言ったらそこそこ驚いていた。

「俳優が恋愛映画に出演することはよくあることだし、この年齢までキスシーンをやっていないことの方が案外珍しかったのかもしれない」と話したら「お芝居の仕事あんまりないもんね」と言われた。たしかにね。

「私」という役を演じるにあたって、勝手に決めたことが一つある。キスシーンでは女性が一方的に押し倒され、流れでいいようにされてしまったようには見えないようにすることだ。ト書きのキスは2文字だった。性描写というにはソフトだが、行為の意味合いとしては性描写を意味するキスである。

元交際相手の二人がセックスを始める寸前として描かれるこのシーンでは、はっきりとした性的同意が言葉で示されることはない。もちろん両者合意の上でのキスなのだが、物語としての盛り上がりのため、はっきりした同意はあえて取られていないとも言える。だからこそ、ここで私が演じる女性が雰囲気にのまれて一方的に押し負けた感じにだけは見せたくなく、台本を受け取った日から、ここはがっつりやろうと勝手に誓った。相手の方には、もちろん事前に意図を説明し、同意をもらった。

女性の身体を持つ私が、女性の役でキスシーンをする。演技を通して、私自身は「私」という役、書かれたテキストに身体を貸す。

映像の中で切り取られる身体や振る舞いは私のものであって、私だけのものではない。脚本家や監督、カメラマンなどの制作側、演技する俳優自身がどのような意図のもとで、性描写のある作品に参加したとしても、キスやセックス、脱ぎの描写があるシーンをどう受け取るかは観客が決める。そしてそれは、私の身体や振る舞いがある種の公共物としてひらかれることであり、表現としてひらかれた作品は、現実の女性の身体や性愛にまつわる様々なパワーバランスと無関係ではいられない。

私は一個人として、俳優として、観客として、男性に都合よく身体をひらいてくれるような、フィルターのかかった女性を映像の世界にまた一人増やすのには参加したくなかった。

それにしても、キスシーンは相手の身体が近い。やればやるほど喉が渇いて疲れていく。定期的な換気があっても熱気が籠り、500ミリリットルの水をがぶ飲みしても頭がぼんやりした。監督からいくつかの指示を受けて、またカメラが回る。

目を合わせて、腹筋をゆっくり使いながら、背中から床に倒れ込む。相手の肩にかけていた右手をミュートしながら床の位置に置いて左手は相手の後頭部を撫でるように動かす、ポツリとセリフをつぶやく。NGが出たらもう一回。引きで撮ってOKが出たら寄りで撮る。

もう一回。どんどんスポーティな気持ちになっていく。またカメラが回り、スタートと声がかかり、脚本を身体であらわしていく間にふと身体から魂がログアウトし、私は身体を持つ幽霊になった。身体（ハード）を使って動かしている役（ソフト）が感じていることと、自分自身（OS）で考えていることの間にスーッとメスが入ったように分かれてしまって、今ここにいるのに、ここに居るのは私ではないということを、ぱかっと見てしまった。

自分の身体が何よりも遠かった。

終わった後はただただ不思議で、なんだか身体が軽くなったなあと思った。OKが出て、ふうと安心し、心身ともにすごく疲れて、俳優という仕事はほんとうに、ものすごいんだなあと思ってしまった。俳優をやっている人の身体は生まれた時から本人に紐づいているけれど、そのソフト面をゴゴっと入れ替えてしまうのだ。

身体と自分自身がどこか離れてしまっても、カメラで見れば身体と私は普段どおりくっ付いているように見える。なんだか、身体はあくまで外側のものであるという感じがしながらも、触覚を受け取っているのは私で、そこに心を動かしているのは役という感覚があり、人から見ても、自分自身でも、私が私自身だと思っている私の境目と、テキストに書かれた役の境目は時々あいまいになる。それこそがお芝居の面白いところでもあるのだが、この時はハード・ソフト・OSの温度差に混乱した。

私ではあるが私でない、こんなに大きく心と身体が離れてしまうことは、普段の生活には無い。

そういえば俳優のステートメントって、あまり見たことがないような気がする。出演作についての色々は大体インタビューを経て言葉にされるけれど、自発的にベラベラ話す俳優の姿が頭にぱっと浮かんでこない。

もしかすると、かっこ悪いからかもしれない。演技は受け手がどう感じたかということで完結するものというか、自発的に色々なことを説明するタイプの表現ではないような気がしている。自分の演技について事細かに話すって、演技を通して相手に意図が伝わっていないとか、やったことが自己満足で終わっていることとかの証明になってしまうのではないか。

私は演技論が苦手なので、その辺りのことにあまり触れてこなかった不勉強さもかなりある。なんにせよ、言い訳する俳優はかっこ悪い。しかし、私はすでにかっこ悪いところがたくさんあるので、もうこれを読まれたところで大きな問題はないはずだ。ないといいなあ。

とにかく、私は初めての恋愛ものの作品でキスシーンをやってみた感想は言葉にしておきたかった。さっき書いたことと同じだけれど、私は恋愛映画にしたって、女性が一方的にやり込められてしまうような物語の再生産には、俳優であれ、観客であれ、どんな形であれ加担したくない。

性愛表象のあるコンテンツに触れようとすると、女性が「見られる側・ジャッジを受ける側」に固定されるようなものにつながりやすいのがめちゃくちゃ嫌だ。実際、女性に生まれるだけでいわゆる「女子力」的なものさしでジャッジされたり、嫌だという言葉をそのままの意味で受け取ってもらえないことなど、やわらかく書いたとしても「普通に」憂き目に遭っている。まじでむかつく。

　女性に生まれたことがむかつくのではない。女性として生きる人が「女性」だということで色々と面倒なことを負わせられるのが嫌なのだ。ポルノ以外であっても、性愛にまつわる表現や作品では女性のキスやセックスが切り取られ、作品の外で価値が付けられている。商品的な価値のために切り取られ、過剰に縁取られたエロでなく、できれば人間らしさの延長線上にあるような性愛に触れたい。

　だから、私が性愛描写に関わることがあるなら、絶対に、人間の関係性からキスやセックスだけを切り離さない、生活と性愛が延長線上に並んでいるものに参加したいと思っていた。

　私が参加した短編映画は、女性のエッセイが原作だった。その文章には8年間交際した相手との時間を思い出す切なさと、日々を暮らす一人の女性の淡々とした足取りが書かれていてなんだかいいなあと思った。私は自分の過ごした8年間を書き、そして前に進んだ女性をできるだけ、かわいそうなものや、誰かに消費された人としては描きたくなかった。

　撮影が始まってから、私は坂を転がるように疲弊していった。楽しくとも、慣れないことをするのは疲れる。たった4日の撮影期間、私は現場でみかんとウィダーインゼリーしか食べられない人間になっていた。頭の中ではその日を過ごした二人分の感想が、言葉にもならずとぐろを巻いていた。

これまで、お芝居は何となく魔法のようなものだと思っていて、俳優は魔法使いのようにどこか浮世離れした存在なのだと思っていた。けれど、俳優はあくまでも職業の一つであり、だから仕事として受注と発注ができるのだ、と思えた。

家に帰ると、パートナーが温かい食事と風呂を用意して、布団乾燥機で布団をあっためていてくれた。私自身が戻れる食卓を囲んでくれる人がいるのは、何よりも心強い。あたたかいご飯とぽかぽかの湯船、ふかふかの布団で、私個人がしっくりとはまり直すようだった。

おかげさまで、作品はつつがなく公開された。実際に使われたカットでは、キスシーンもちょっとしたもので、セックスの後のシーンも肌の露出や演出などもかなり抑えられていた。もしかしたら、ちょっとしたことに構え過ぎたのかもしれない。でも、自分の顔や身体を貸し出し、公開に際して編集権が無いということは、あらためて考えてみると少し身構えるところはある。

ここまで色々書いておきながら、私はパートナーから恋愛ものの作品に出演すると言われたら、穏やかではいられない。普段一緒にいるその人と、役を演じているその人は別人だけれど、同じ身体を共有している。よく知った顔で思いもよらぬことを言われると、創作だと知っていてもどこか落ち着かない気持ちになりそうだ。私の知る限り、パートナーはその作品を観ていない。

『「僕ら」の「女の子写真」からわたしたちのガーリーフォトへ』
長島有里枝

「どのような作品もいったん作り手のもとを離れれば、鑑賞者がそれをどう解釈するかをコントロールするのは困難である。作者が制作意図を語ることはできるが、鑑賞者がその通りに見るかどうかはまた別の問題である。したがって、ある写真が男性に向けたものという意図を持って撮影されたかどうかは、それがどのように干渉されたかを説明しない。」
(319、320頁)

写真の歴史をあまり良く知らなくとも、語られていることがとても身近でびっくりした。「女の子」と呼ばれたことのある人が表現活動をする際に触れることの多い、耳ざわりの良い、でも狡猾な言葉や言説について、一つひとつ批判して皮を剝いで見せてくれるようだった。

　後半にかけてはこれまで私も触れてきた、でも言葉にして整理できていなかったたくさんの違和感に対しての謎が少しずつ解けていくようで、論文形式なのにミステリ小説のようなカタルシスがあった。自分が内在化しているミソジニーや偏見まで、ライトで照らされるようなところもある。

　ページをめくるたびに、自分に差し伸べられた熱い手を取るようで、けして読み飛ばすことのできない本。とても面白く、心強く読んだ。

あさは呼んでも出てこない

母から「どうしよう。あさがいなくなっちゃった」というＬＩＮＥが来た。

読んだ途端、両目から涙がぼぼぼ、と落ちてきた。

急いでタクシーをつかまえて、舞台の打ち上げ会場のある麻布から高速に乗り、埼玉の実家へ帰るあいだ、状況を確認するため母に電話をかけた。

母は「ドアは全部閉まっていたの、おばあちゃんも私も、お互い犬は隣の部屋にいたと思ってたの。気づいたら、どこにもいないのよ」と話しながら、すっかり途方に暮れていた。

そのとき心配したのは、あさという名前の犬よりも母と祖母だった。犬を誰より可愛がっていたのは二人だ。私は犬に嫌われていた。

私が呼んでも大体寄っては来ないし、たまに来たら来たで「ここなら撫でさせてやってもいい」というように後ろ脚をすっと上げて撫でさせたい場所だけを撫でさせる。しばらく撫でて犬の気が済むと、後ろ脚でざっざとカーペットを蹴り上げ、私に土をかけるふりをしたあと机の下へ隠れるのがいつもの決まりだった。けれど、家に帰れば長い毛をふわふわさせながら玄関まで顔を見に来てくれていた。

元々打ち上げで酔っぱらっていたうえに、すっかり気が動転した私はいてもたってもいられずパートナーに電話をかけ、犬がいなくなったということ、でもそんなことはあの出不精の犬の性格からしてあまり考えられないからもしかしたら母に何かあったんじゃないかということをまくしたてた。目から鼻から、さっき飲んだチャミスルがずるずる出ている。運転手がミラー越しにこちらを何度か見て、一生懸命飛ばしてくれた。

冷たい雨のなか、母は傘を差してタクシーを迎えた。

4月の深夜、一つ屋根の下、祖母、母、私は急にいなくなった雌犬のことで寝るに寝られなかった。

ひとまず「エマージェンシー捜索隊」という分かりやすい名前のペット探偵に捜索を依

頼し、次の日の早朝から近所の土手や道を母と弟と手分けして犬をさがした。

警察にも保健所にも清掃局にも、近所の動物病院にも連絡をし、母とふたりでビラを配ったり近所を歩いて探したり、考えられることはたいていやった。

ペット探偵のHさんは車で近所を走ったり、コンビニと牛丼屋の数軒にビラを貼ってくれたが、ビラの文言は「ネコさがしてます」だった。

うちの犬は猫のように小柄だが、どう見ても犬である。母が「ビラを刷り直してください」と言うと、「写真が犬なので直す必要はない」と言われた。そしてその後、48時間稼働で7万円だったはずの捜索料が27時間で7万円になり、電話で「最初の条件と違うんじゃないか」と交渉するたび、減っていく捜索時間に反比例して料金が上がっていった。Hさんは「雨が降ったので匂いが消えて、遠くまで行ってしまったのかもしれません」と言った。

「こういう時こそ、うちのチンピラがいればいいのに」と母がぽつりと言った。

「うちのチンピラ」と言われた父は、たしかに昔からものすごくいやな感じの絡み方をする人だ。もうだいぶ薄くなったが、顔には蕨駅のタクシー乗り場で見知らぬサラリーマンに「なんで貴様にライター貸さなきゃいけねえんだよ」と絡んで喧嘩になった時に作った傷跡がある。泥酔していたらしいが、素面でも機嫌が悪ければそれくらいのことをやりかねない。そういえば子供の頃、父の似顔絵を描くときには頬のあたりにびっと青い横線を引いていた。こういうときに限って、父はオリンピックの仕事で地方に出張していた。ツイッターでも犬の行方を呼びかけ、本当にたくさんの人が拡散に協力してくれたけれど、発見につながる情報はなかった。

新宿駅で外国人の老女があたりを見回しているのを見かけても「うちの老犬も今頃あんなふうに心細くしているかもしれない」と涙ぐみ、気分転換に食事へ行ってもパートナーが犬柄のズボンを履いているという理由で大泣きし、泣きながらカレーを食べた。

どこへも行きたくなく、何もしたくない日が続いた。

昼寝をした。夢の中ではいなくなった犬とそっくりの犬と遊んでいたが、名前がわからない。きっとよその犬なのだろう。うちの犬がこんなに寄ってくるときは私が餌を持っているときか、犬の機嫌のいいときだけだ。

犬をどう呼んでいいかわからないので、前に飼っていた亀の名前で呼んでみる。

「キャンディ、キャンキャンキャンキャンキャンディ」

犬は白黒の長い毛をふわふわと揺らしながら駆け回っている。抱き上げろというように、右ももの上へ乗っかってじゃれついてくるのでその脚の根元を触ってみると、柔らかい皮の下に細い関節を感じた。

こんなに細いのにこんなにジャンプしたら壊れてしまうよ、と思って抱き上げたところで目が覚めた。

きっとうちの犬だった。名前は「あさ」だ。

目が覚めたときやっと思い出すことが出来て、また泣いた。

犬みたいに生きたい

2020年の春、私は犬みたいに生きることを発見した。

その月にあった予定という予定が白紙になり、ぽつらぽつらとあった先々の仕事もなくなって、カレンダーは配られたマスクよりまっさらになってしまった。

世界全体にストップがかかって、正直なところ、ちょっと楽になったと思ってしまった。人と会えない、仕事もないしお金もない、でもそれは私のせいではない。

仕事も遊びもなくなってしまうと、家の中でただ生き延び続けるために長く時間を使わざるを得ない。家でしか酒を飲まなくなり、夜も家にいて、部屋が散らかれば片付けをして、朝の光で起きて、夜になったら眠くなって寝る。近所をぐるっと散歩して、食べたいものを食べ、したいときにしたいことをする。そして排泄がちゃんと起こると最高。生活を真ん中に置いた日を繰り返した。

なんだか、これは犬のような暮らしであり、犬と飼い主が二人で1匹になったらこんな感じになりそうだと思った。

私は20代半ば頃まで、生活そのものが苦手だった。使ったものをもとの場所に戻すとか、酒を飲まずに家へまっすぐ帰るとか、自分のためにご飯を作って食べるとか、朝起きて夜は眠るとか、どこで話してもさして面白くもなさそうな細々した動きをどう楽しめばいいかがわからなかった。

家で過ごしていると、いつもどこかへ行きたくて、家にいても外のことばかりを見ていた。毎日、毎週、同じ時間に同じ場所にいた訳でもないのに、生活を耕すように日を過ごすのはどこかつまらなくて、生活そのものがしっくり来なかった。

会社を辞めて、自分の身体に関する細々とした取り決めや生活の舵を自力で選ぶことになった。人に話すようなトピックもない、ただの生活を繰り返してみて、家事の繰り返しで日を過ごし続けることを初めてすこし楽しいと思った。レジャーとして暮らしを面白がるのではなく、生きるためだけに暮らしを繰り返していくのは退屈なのに楽しい。

季節が変わると、洗濯物の乾き具合やスーパーに並ぶ野菜のラインナップが変化する。

部屋掃除を3日放っておくだけで、床の綿ぼこりが大きな塊になる。昨日食べてそのままだった皿を残しておくと面倒だが、次の日に洗ってもそれはそれで気分がいい。私はこれまで、退屈な生活のこまごましたことをすべて見逃していたのだ。

犬の生活も基本的にはルーティンだ。毎日同じようなことをしていると、退屈だと思って見逃していた生活の中に案外おもしろみがあることも見つける。実家の犬の姿を思い返せば、彼女はいつも何もないところに鼻をくっつけて、何かを見つけていた。毎日、彼女は何を見ていたんだろう。

そして、何かうまくできないことがあったとしても、犬だったら相当うまくやれている。犬がフライパンに油を引いて、卵を割って、目玉焼きを作って食べるとか、犬が一人で掃除機がけをするとか、犬が時間通りにラジオを聴くとか。自分を犬だと思うと、一つ一つが信じられないほどすごい。

自分が人間だと思うとあんまりうまくやれていないんじゃないかと思うことは、人間だと思うからあんまりうまく行っていないのであって、そもそも私が犬だったら別に問題のないどころか、褒められてしまうようなことばかりだ。

もう他の人と比べなくていい、私は自称・犬だ。犬もどきと呼んでもいいだろう。いま犬と一緒に暮らせないのなら私が犬になればいいし、人間がしっくり来ないのなら私は犬になってもいい。自分のことを人だと思って落ち込むことは、自分が実のところ犬だということを知ればたいていてい解決する。

家の中で犬のふりをして暮らしていくことは人に迷惑もかけないし、犬の飼えない自分にとっても自分の振る舞いに犬の影を見られて、犬との暮らしでもらう楽しさをほんの少し自家発電できる。家の外で散歩中の犬とすれ違う度に目が離せなくて、私の首はいつも後ろに引っ張られる。

ふさふさとした真っ白な毛や、たるんだ皮膚を覆うように生えた短い毛、飼い主の歩幅に合わせて歩くときのチカチカという足音や、植木の根本を一生懸命に嗅いでリードをぴんと引っ張られている様子、飼い主の顔を向いた頭蓋骨の小ささ、大きな口の端から見える絨毯のような舌。どの瞬間も犬は犬らしくて素晴らしい。

家の中でももっぱら、ツイッターで同じ犬の写真を毎日見ている。言葉以外の方法でものを考えて中空を見つめているときの犬の目と黒く湿った鼻づら、食べ物を前にしたときの微妙な表情の変化、愛されて暮らす犬の写真はいつもどこか面白い。

どんな犬も、犬は犬であるというだけで素晴らしい。比べるまでもなく、生きているだけで最高で、犬が元気そうに生きているのを見るだけで自分の屈託がなくなっていく気がしてしまう。

人間もきっと生きていることだけでも褒められるはずなのだけれど、家の外でも屈託のない時の犬みたいな気で生きるには、私はまだたくさんのことが気になって、人間のふりを止めることができない。

犬みたいに生きたいという言葉を初めて聞いたのは、2017年に「早稲田文学・女性号」のイベントで小説家の松浦理英子さんが『犬身《けんしん》』という小説の着想について話されている時だった。

ジェンダーや社会規範に縛られず、犬は犬として生きている。というような感じの話だった気がする。その時はその言葉のキャッチーさに惹かれただけだった。時間が経つほど「犬みたいに生きる」という言葉への憧れは膨らんでいった。

家の中だからと言って四つ足で走り回る訳ではないけれど、犬のように言葉以外の言葉で何かを考えている真似をしたり、外の匂いや遠くの音に気を配ってみたり、手持ち無沙汰な時には無い尻尾を追って同じところをぐるぐると回転したり、ワンと鳴いてみたりしている。

それに、私の舌にはほくろがある。いつからあるのかはわからないけれど、気付いたらそれは控えめに舌の先の方にできていた。古い血筋をひく犬の舌には蒙古斑のような黒い模様があるらしい。やっぱり、人より犬に向いている気がしてならない。

本当はいつか犬と一緒に暮らしたいのだけれど、今のところ私には犬を養う稼ぎがない。そして犬のふりをした人間が犬の一生を面倒見られるのかどうかについても、まだ自信が持てない。

毎日散歩に連れて行って、ご飯を用意して、排泄の世話をして、社会性を身に付けてもらうべく辛抱強くいろんなコマンドを覚えてもらう。実家の犬の世話は、私よりも母や弟がやっていた。私はたまに撫でたり、たまに食事の準備をしたり、「家族サービス」と口にするステレオタイプの父親のように何もしなかった。

犬と暮らすには私が犬であってはいけないし、責任の持てない人間であってもいけないのだ。

自分は犬なのだ、と思うほど様々な不具合は腑に落ちて、日々の生活にある凸凹を素手で触れるようになった。犬ではあるが人間でもあるのでしぶしぶ家事をやり、犬もどきとして暮らすのは楽しい。20代前半から両手に抱え込んでいた屈託がすこし解けたような気がする。

『フラッシュ――或る伝記』ヴァージニア・ウルフ

「犬になりたかった作家」19世紀イギリスの詩人エリザベス・バレット・ブラウニングの人生を愛犬・フラッシュの目から描いた伝記。バレットとフラッシュ、よく似た飼い主と犬が言葉を超えて深く通じ合う。

美しく気品あるコッカースパニエルのフラッシュがノミの駆除のため丸刈りにされるシーンや、鎖を外された途端にさらわれてしまうシーンなどは、家父長制のなかで自分の意志を貫き、模索した詩人の人生とどこかリンクする。

フラッシュが犬さらいにさらわれるシーンはあまりに辛く、犬泥棒への怒りで眠れなくなってしまった。フラッシュのようにさらわれて、暗い部屋に押し込められたあばらを浮かせた犬たちがどうなったんだろうと思うと胸が痛い。ただ、人を犬泥棒にさせる社会の格差は、今の日本で他人事だと言えない。

『犬身（上・下）』松浦理恵子

先述した犬にまつわる本。

『フラッシュ——或る伝記』は犬の目から人間の人生を描いているが、こちらは犬の目を持った人間が見たある女の人生を描いている。犬好きの女性が犬として生まれ変わり、飼い主のために生きる物語。犬の背に顔をくっつけたときのような獣の匂いと温かさ、鼓動が感じられるような筆致にのめり込んで読んでしまった。

家父長制の鎖に繋がれて生きる女性と、忠実な飼い犬のペアは『フラッシュ』とも通じる部分がある。大切に飼われた犬の目は、いつも飼い主の方をまっすぐ見ている。

私は今、おおむね飼い犬のように暮らしている。

不要不急の外出を避けろ、と言われる少し前から、私は寄り道をせずに家へ毎日帰るようになった。飼い主は自分だと思っているけれど、もしも同居しているパートナーと結婚し、もしも私が名前を変えたとしたら、いよいよ私は飼い犬らしいのではないか。

しかし、飼われていても犬は犬だ。

鎖のついた犬にもしなやかな筋肉があり、自分の判断で牙をむくこともできるし、犬にも人にも頭と脚がある。

もし、いつか出ていきたくなったら自分は家を出ていくこともできるのだ。

あとがき

お金、仕事、結婚、そして顔と毛の話。

この本の原稿を書きはじめた2017年の頃から、山手線で見かける広告とだいたい同じラインナップのことばかりぐるぐる考え続けている。

生活に倦《う》んでいた時期に書いたものを読み直すのはしんどかった。読んでも読んでも、自分の話しかしていない。

他人の気持ちをおもんぱかるのをすっぽり抜かすことがある。ふと浮かんできた思いつきに目が眩んで、他の人の存在に目をつぶって動いてしまう。

そういう時は、頭の中が賑やかに動きながらも、どこかに幕を下ろしたような静かさがある。そうして失敗する。

たいていのことは戻ってこないから、すでに失った大事なものをよく思い出して、自分勝手に寂しがったり、まだ失っていないものはいつか無くなるんだと思って悲しんでいる。楽しいのが好きだけれど、寂しいのも手放せない。そのように、20代の半ばから後半までをマッチポンプに過ごしていた。

昔のことを思い出しすぎて、中学の頃の仲良くない同級生に「歩き方がまんこなんだよな」と言われてもいないことを言われる嫌な夢を見たり、穏やかな元恋人が見る影も無いほど痩せてシワシワになって（ハリー・ポッターの映画に出てくる妖精・ドビーを想像して欲しい）、怒ってくるというこわい夢を見た。

その人は、私を全く責めない人だった。普通だったら一発退場を宣告される出来事が何度かあったが、いつまでもレッドカードを渡されなかった。それで、私はどこまでも調子に乗っていた。この本で紹介した本のうち、その人の本棚に置いてきてしまったものもあったので、原稿を直すために同じ本を買い直した。

初めての本のあとがきで暗い話ばかり書いている。

原稿を書いたり直したりしている間、尊敬するライターの人から「石山さんには書く才能がない」と言われたのを繰り返し思い出していた。これは私の好きな悲しみや寂しさとは、ちょっと切れ味の違う言葉で、素直に「ガーン」とショックを受けた。

そうだよなあ……と納得する気持ちもあったけれど、私って才能あるんじゃない？　とも、うっすら思っていたからだ。

子どもの頃から「才能の有無」によって、誰か自分よりも偉い人から、あるいは文筆や演技などの活動そのものから、自分がそれをできるかどうかを決められるのだと信じていた。

こと芸能事務所では、本人がどう思うかはさて置いて、周囲がその人の「才能」を判定し、未来が決められていく。「才能」と呼ばれるものはたしかに実在すると思うけれど、実際、それがどれくらい重要かどうかは別の話だ。本屋の棚に刺さっている本の著者みんなが、文才にあふれているわけではない。

時々に言えなかったことを、後から後から思い出し、本当は何が言いたかったか考え続けるのが癖になっている。

こういう癖は無い方が幸せなのかもしれないけれど、この癖のおかげでぶつぶつと書き続けることができ、念願の本を出させてもらえた。ねちこくて良かった。

本を作りませんかと言っていただき、いろんなことでめげる私を励まし、初めての一冊を作ってくださった晶文社の深井美香さん、漠とした話に耳を傾けていただき、素晴らしい形にして世に出してくださったデザイナーの鈴木千佳子さん、ありがとうございました。右も左も分からない私がこんなに思い通りに本を作れたのは夢のようで、本当に楽しかったです。

あとがき

子どもの頃から、一人で静かにしていても、頭の中は賑やかな状態が好きだ。考えごとというほどまとまりもなく、口を使わず、自分同士で延々と喋っている。

本は、どこを通っても見覚えのある山手線のような自分同士の会話に新しいレールを引き、新しい駅を作ってくれる。

本を読むとき、私はひとりで過ごしていても一人ではない。身体では大好きな寂しさを抱えながら、私はどこまでも出かけられる。

人間生活に馴染み切れず、犬のような気分で暮らしているが、人として生まれているのでけして犬にもなり切れず、今のところは犬もどきとして暮らすのがしっくりきている。

犬もどきとして、今日も黙々と本を読むのだ。

石山蓮華

登場する本一覧

◆『密会』阿部公房（新潮文庫）
◆『にょっ記』穂村弘（文春文庫）
◆『夜は短し歩けよ乙女』森見登美彦（角川文庫）
◆『トーキョーエイリアンブラザーズ（全3巻）』真造圭伍（小学館）
◆『私の男』桜庭一樹（文春文庫）
◆『浪費図鑑――悪友たちのないしょ話――』劇団雌猫（小学館）
◆『はれた日は学校をやすんで』西原理恵子（双葉文庫）
◆『同級生』中村明日美子（茜新社）
◆『女子高生ゴリコ』しまおまほ（扶桑社）
◆『ドレス』藤野可織（河出文庫）
◆『春琴抄』谷崎潤一郎（角川文庫）
◆『こちらあみ子』今村夏子（ちくま文庫）
◆『82年生まれ、キム・ジヨン』チョ・ナムジュ著、斎藤真理子訳（筑摩書房）
◆『性食考』赤坂憲雄（岩波書店）

◆『おめかしの引力』川上未映子（朝日文庫）
◆『可愛い女・犬を連れた奥さん 他一編』チェーホフ著、神西清訳（岩波文庫）
◆『バレエ・メカニック』津原泰水（ハヤカワ文庫JA）
◆『しき』町屋良平（河出文庫）
◆『野戦病院』谷崎由依（「たべるのがおそい vol.6」より）（書肆侃侃房）
◆『やっかいな男』岩井秀人（東京ニュース通信社）
◆『悲しくてかっこいい人』イ・ラン著、呉永雅訳（リトル・モア）
◆『ホンマタカシの換骨奪胎――やってみてわかった！最新映像リテラシー入門』ホンマタカシ（新潮社）
◆『ものするひと（全3巻）』オカヤイヅミ（KADOKAWA）
◆『ぼくを探しに』シェル・シルヴァスタイン著、倉橋由美子訳（講談社）
◆『夫婦ってなんだ？』トミヤマユキコ（筑摩書房）
◆『自立する子どもになろう（子どものためのライフ・スタイル）』マリリン・バーンズ著、永田美喜訳（晶文社）
◆『お家賃ですけど』能町みね子（文春文庫）
◆『「僕ら」の「女の子写真」からわたしたちのガーリーフォトへ』長島有里枝（大福書林）
◆『フラッシュ――或る伝記』ヴァージニア・ウルフ著、出淵敬子訳（白水Uブックス）
◆『犬身（上・下）』松浦理恵子（朝日文庫）

初出

- 夜は短し働け乙女　「ホンシェルジュ」2017年5月26日
- 幻想のいきもの　「ホンシェルジュ」2017年7月22日
- 赤い傘と電柱　「ホンシェルジュ」2017年6月26日
- 愛を買う　「ホンシェルジュ」2017年8月30日
- 渋谷で赤いゲロを吐く　「ホンシェルジュ」2017年9月27日
- 復讐心を燃やして同窓会へ行った話　「ホンシェルジュ」2017年10月25日
- 生垣に突っ込んで転んだ話　「ホンシェルジュ」2017年11月30日
- 耳から妊娠した話　「ホンシェルジュ」2018年1月2日
- 親知らず　「ホンシェルジュ」2018年1月30日
- りんごの皮むきができない　「ホンシェルジュ」2018年3月8日
- 女ふたりで旅に出た話　「ホンシェルジュ」2018年4月9日
- 私は化粧品を買えない　「ホンシェルジュ」2018年5月13日
- 度数のずれた顔　「ホンシェルジュ」2018年6月28日
- 思い出せない夏　「ホンシェルジュ」2018年8月3日
- 屈辱の土曜日　「ホンシェルジュ」2018年9月6日
- バターみたいな軟膏　「ホンシェルジュ」2018年11月11日
- 袖から観る舞台　「ホンシェルジュ」2019年1月26日
- 「普通」の容姿　「ホンシェルジュ」2019年1月27日
- 身もだえる自画像　「ホンシェルジュ」2019年2月16日
- 「遊ぶ金欲しさにやりました」　「ホンシェルジュ」2019年3月9日
- 会社を辞め、髪を切って倒れた3月末の話　「ホンシェルジュ」2019年4月4日
- 令和婚した友達　「ホンシェルジュ」2019年5月11日
- 逃げられない算数　「ホンシェルジュ」2019年6月10日
- 真夏の内見ツアー　「ホンシェルジュ」2019年9月5日
- 在宅ギャル　書き下ろし
- 毛の話　書き下ろし
- 女子力のなさを反省しません　書き下ろし
- 名前の話　書き下ろし
- キスを貸す　公式サイト「電線礼賛」2020年12月24日
- あさは呼んでも出てこない　自主製作ZINE「犬より長生き」より
- 犬みたいに生きたい　書き下ろし

上記の作品を大幅に加筆・修正の上、収録いたしました。

石山蓮華

いしやま・れんげ

1992年生まれ。埼玉県出身。電線愛好家・文筆家・俳優。10歳より芸能活動を開始。
電線愛好家としてテレビ番組や、ラジオ、イベントなどに出演するほか、
日本電線工業会「電線の日」スペシャルコンテンツ監修、オリジナルDVD
『電線礼讃』プロデュース・出演を務める。主な出演に映画『思い出のマーニー』、
短編映画『私たちの過ごした8年間は何だったんだろうね』(主演)、舞台『五反田怪団』、
『遠野物語 - 奇ッ怪 其ノ参 -』、『それでも笑えれば』、NTV「ZIP!」など。
文筆家として「Rolling Stone Japan」「月刊電設資材」「電気新聞」「ウェブ平凡」「She is」
「母の友」「週刊朝日」などに連載・寄稿。今作が初の著書。

犬《いぬ》もどき読書日記《どくしょにっき》

2021年6月5日　初版

著　者　石山蓮華
発行者　株式会社晶文社
東京都千代田区神田神保町1-11　〒101-0051
電話　03-3518-4940(代表)・4942(編集)
URL　http://www.shobunsha.co.jp
印刷・製本　中央精版印刷株式会社